CURIEUX DE NATURE

Catalogage avant publication de Bibliothèque et Archives nationales du Québec et Bibliothèque et Archives Canada

Arpin, Mylène

Curieux de nature

Sommaire : 1. Les oiseaux.
Pour enfants de 8 à 10 ans.

ISBN 978-2-89723-583-3 (vol. 1)

1. Sciences naturelles – Ouvrages pour la jeunesse. 2. Nature – Ouvrages pour la jeunesse. I. Arpin, Mylène. Oiseaux. II. Titre.

QH48.A76 2015   j508   C2014-942441-8

Les Éditions Hurtubise bénéficient du soutien financier des institutions suivantes pour leurs activités d'édition :

- Conseil des Arts du Canada ;
- Gouvernement du Canada par l'entremise du Fonds du livre du Canada (FLC) ;
- Société de développement des entreprises culturelles du Québec (SODEC) ;
- Gouvernement du Québec par l'entremise du programme de crédit d'impôt pour l'édition de livres.

Illustration de la couverture et illustrations intérieures : Jean Morin
Illustrations du carnet d'observation : Mylène Arpin
Conception graphique de la couverture : René St-Amand
Mise en pages : Martel en-tête

ISBN 978-2-89723-583-3 (version imprimée)
ISBN 978-2-89723-584-0 (version numérique pdf)
ISBN 978-2-89723-585-7 (version numérique ePub)

Dépôt légal : 2e trimestre 2015
Bibliothèque et Archives nationales du Québec
Bibliothèque et Archives Canada

Diffusion-distribution au Canada :   Diffusion-distribution en Europe :
Distribution HMH   Librairie du Québec/DNM
1815, avenue De Lorimier   30, rue Gay-Lussac
Montréal (Québec) H2K 3W6   75005 Paris FRANCE
www.distributionhmh.com   www.librairieduquebec.fr

*Achevé d'imprimer en avril 2015, sur du papier 100% recyclé
sur les presses de Marquis-Gagné, à Louiseville, Québec, Canada*

www.editionshurtubise.com

Suivez-nous

Mylène Arpin

CURIEUX DE NATURE

1. LES OISEAUX

Hurtubise

Certains oiseaux sont comme les rêves,
il faut parfois les espérer longtemps !

Avis au lecteur curieux et à l'ornithologue en toi!

Tu trouveras, à la fin du livre, un extrait du carnet que ma grand-mère a réalisé pour mes amis et moi. Une vingtaine de fiches d'information accompagnées d'une illustration te renseigneront sur quelques espèces d'oiseaux attirés par les mangeoires et qui vivent à proximité d'un boisé ou d'une forêt.

Ce livre t'apprendra toutes sortes de petits trucs pour que ta cour devienne aussi invitante que la mienne, et il te révélera même une recette ultrasecrète pour attirer les colibris!

1

Une entrée fracassante

Cette folle journée a commencé quand Grand-man est entrée en coup de vent dans ma chambre. Je faisais la grasse matinée, façon de parler, puisque le soleil venait tout juste d'apparaître au-dessus de la montagne!

—Debout, Camille! Dépêche-toi, on a une urgence!

Ma grand-mère s'énerve un peu vite parfois, mais comme je la connais, je n'ai pas douté une seconde que quelque chose sortait de l'ordinaire. D'ailleurs, elle était déjà repartie comme une minitornade en emportant mes dernières traces de sommeil avec elle.

Pour le premier samedi officiel des vacances d'été, je trouvais que ça commençait bien.

Curieuse de nature, je me suis habillée en quelques minutes, et j'ai couru dans sa cuisine avec Truffon sur les talons. Je n'ai évidemment ni pris le temps de faire mon lit ni de déjeuner, encore moins de brosser mes dents, car tout le monde sait qu'une urgence, ça ne peut pas attendre !

—Qu'est-ce qui se passe, Grand-man ?

—Viens voir ce qu'il y a ici.

—Ah ! Une petite mésange !

D'habitude, les mésanges à tête noire ne dorment pas dans une boîte. Celle-ci avait frappé, par accident, la fenêtre d'observation de Grand-man. C'est le genre d'événement qui vous fait sursauter et avaler votre gorgée de café de travers.

— Elle n'est pas morte, j'espère ? ai-je demandé, affolée.

— Non, non ! Je crois qu'on va pouvoir la sauver.

Grand-man avait pris soin d'envelopper la mésange dans une débarbouillette pour la tenir au chaud, en attendant qu'elle reprenne ses esprits. Installée sur le comptoir de la cuisine, tout près de la cloche à gâteaux bien garnie de cupcakes, notre nouvelle amie se reposait. J'en ai profité pour avaler une ou deux petites gâteries en l'observant.

Les émotions fortes, ça ouvre l'appétit !

Truffon s'est couché à mes pieds, sentant que quelque chose d'inhabituel se passait. Mon chien n'a jamais été entraîné à surveiller. Il le fait tout naturellement grâce à ses gènes de border collie. En fait, si on avait eu des moutons, il aurait pu les rassembler. Mais la ville les interdit ! C'est donc ma chatte Monique qui a hérité dudit rôle, sans son consentement, bien sûr.

Truffon est de taille moyenne, parfait pour une maison. Plus petit qu'un labrador et plus gros qu'un caniche. Son pelage est noir sur le dos et sa poitrine est blanche. Ses quatre pattes sont blanches aussi, et on dirait qu'il porte un collier de la même couleur. Son poil est assez long sur le corps de même que sur la queue, et cache ses pattes arrière : on dirait une vadrouille. Il peut paraître un peu excité parfois, c'est qu'il est très enthousiaste et toujours ravi de faire à peu près n'importe quoi.

Lui et moi, on est inséparables !

Papa dit que les chiens de cette race sont très intelligents et qu'ils comprennent beaucoup de mots. C'est bien vrai, il peut faire plein de trucs, mon Truffon !

J'en étais encore au premier tour de garde et je prenais mon rôle d'infirmière au sérieux, sauf que je trouvais ça plutôt tranquille pour une urgence.

—Est-ce que tu crois qu'elle va bientôt se réveiller, Grand-man?

—Il faut lui laisser un peu de temps. Elle a subi un violent choc et elle se repose.

—Est-ce que je peux la flatter?

—Oui! Mais très doucement, et après, tu dois absolument te laver les mains!

Ma grand-mère me précise toujours de m'y prendre avec délicatesse parce que quand j'étais petite, et ça ne fait pas tellement longtemps, j'avais tendance à appuyer un peu trop fort sur les bestioles douces. Certaines sont plus fragiles que d'autres, comme les chenilles. Sans le vouloir, j'en ai déjà écrasé une. J'étais inconsolable et tellement pas contente de moi !

Ah ! Elle est toute duveteuse, notre mésange ! Un peu inquiète, j'ai demandé à Grand-man :

— J'espère qu'elle ne s'est pas rompu le cou en frappant la fenêtre !

— Non, Camille, je m'en serais aperçue tout de suite.

— Ça serait trop triste !

Elle n'a rien pu ajouter puisqu'elle avait de nouveau disparu quelque part dans la maison. Grand-man ne reste jamais en place très longtemps !

Béa n'est pas du tout le genre de grand-mère qui met son dentier dans un verre, la nuit. Plutôt logique, car elle a encore ses vraies dents ! On ne peut pas en dire autant de la mamie de Fanny Laroche, ma meilleure amie, qui oublie parfois de remettre le sien le matin.

Grand-man ne joue jamais aux cartes, elle déteste les mots croisés et trouve les sudokus ennuyeux. Pour se détendre, elle préfère remplir notre chambre froide de pots Mason avec toutes sortes de choses délicieuses. De la compote de pommes ou de rhubarbe, des betteraves, des confitures, des cornichons à l'ail ou sucrés, et même sa fameuse sauce à spaghetti.

Sa vraie de vraie spécialité, ce sont les desserts! Gâteau forêt-noire, mousse au chocolat ou barre tendre maison, c'est toujours trop bon.

Béa est très habile de ses mains et se débrouille aussi bien avec la scie circulaire de papa. Elle a d'ailleurs pris le garage en otage pour y aménager son atelier de menuiserie.

Elle ne manque pas de projets, au contraire!

Grand-man ne passe jamais ses journées à se bercer en buvant une tisane à la camomille et en grignotant des biscuits secs tout en se plaignant de ses rhumatismes. Elle carbure plutôt au lait d'amande et aux brownies, et ne s'assoit que lorsque le soleil est couché et que l'étoile Polaire est installée dans le ciel. C'est à ce moment-là qu'elle feuillette ses nombreux livres qui lui mettent une foule d'idées dans la tête, au grand désespoir de papa.

De plus, sur sa table de cuisine, on ne trouve pas de bol en bois avec plein de beaux fruits en plastique. Il y a plutôt un microscope, des piles de livres scientifiques, des jumelles, un appareil photo, un canif et quelques fioles prêtes à accueillir de nouvelles découvertes qu'elle veut identifier.

Bref, quantité de choses qui, selon mon père, ne devraient pas traîner là.

L'été, Béa se promène en vélo et transporte ses courses dans son grand panier à l'avant, et l'hiver, elle se déplace avec une trottinette des neiges. C'est sa façon de garder la forme!

Grand-man porte toujours de drôles de tuques qui représentent des animaux. C'est elle-même qui les tricote quand il pleut très fort et qu'il n'y a rien d'autre à faire. En général, ce sont plutôt les enfants qui mettent ce type de chapeau. J'en ai plusieurs moi aussi. Ma préférée, c'est celle avec un panda.

Pour toutes ces raisons, ma grand-mère ne passe pas inaperçue dans le quartier. Les gens la trouvent même un peu bizarre.

Moi, je suis plutôt d'avis que Grand-man est géniale et que la vie serait tellement plus ennuyeuse sans elle! Béa a toujours des idées incroyables et plein de projets farfelus! Il n'y en a pas deux comme elle!

Je ne savais pas encore ce qui était prévu pour les vacances, cette année, mais je n'étais pas inquiète du tout. Beau temps, mauvais temps, chaque jour allait être différent et nous apporter son lot de surprises.

Est-ce que votre grand-mère vous a déjà emmené en forêt, la nuit, pour fabriquer une lampe écologique à énergie renouvelable ? Moi, oui.

L'objectif de notre expédition nocturne : attraper la matière première, des lucioles. La cueillette avait été bonne : plus de trente insectes capturés avec des filets à papillons ! Une fois emprisonnés dans le pot transparent muni d'un couvercle percé et d'une poignée pour le transport, on avait notre fameux fanal.

Pour être écolo, notre lucio-lampe l'était! Question d'efficacité, il fallait repasser, nos bestioles ne brillant pas toutes en même temps.

Malheureusement, on ne peut pas les dresser comme on le fait avec les chiens!

Malgré les résultats décevants de notre expérience, le souvenir de cette soirée reste bien gravé dans ma mémoire.

Grand-man prétend que je suis une petite fille très spéciale. J'imagine que ça veut dire qu'elle me trouve différente des autres. Mais elle ajoute aussi que chaque personne est unique! Je ne comprends pas grand-chose à tout ça.

Au premier coup d'œil, on ne remarque rien de particulier chez moi à part ma tignasse frisottée rousse et mes taches de rousseur. Difficile de passer inaperçue lorsqu'on a la tête comme un incendie de forêt et le visage qui ressemble à un gros biscuit aux pépites de chocolat!

Grand-man dit que je suis charmante comme un cupcake. Pour penser comme elle, il ne faut pas être au régime!

Venant de Béa, je sais que c'est un vrai compliment, car elle est la meilleure pour cuisiner ces petits gâteaux bien sucrés et souvent trop beaux pour être mangés.

D'ailleurs, si je ne me retenais pas, j'en prendrais un autre tout de suite !

2

Un matin presque comme les autres

Puisque notre protégée semblait vouloir se reposer un peu plus longtemps que prévu, et qu'elle était sous bonne garde grâce à Truffon qui l'observait d'un œil, j'ai crié à l'intention de Grandman :

— J'y vais, j'ai deux ou trois choses à faire !

— Parfait, ma Camille. À tantôt !

Je ne savais pas trop où elle se cachait, mais d'après le vacarme que j'entendais, elle ne devait pas être loin.

Avec tout ce branle-bas de combat matinal, je n'avais pas eu le temps de récupérer Monique dans ses appartements au sous-sol. La nuit, nous lui donnons parfois une pause, bien méritée, de mon chien. Elle pourrait sortir par la chatière, mais j'aime vraiment aller la chercher et enfouir mon nez dans sa grosse fourrure qui sent trop bon. En se réveillant, son petit moteur se met en marche et on peut l'entendre ronronner de loin!

Monique est une chatte de ruelle, c'est-à-dire qu'elle n'est pas d'une race précise. Elle est apparue un matin dans notre cour. Je l'ai adorée tout de suite avec son beau poil roux zébré de blanc. Sa patience est limitée lorsque mon chien tourne autour et l'empêche d'aller où bon lui semble. Elle s'est trouvé une multitude de cachettes pour avoir la paix. Ma garde-robe remplie de désordre est son endroit préféré.

Si je ne la réveille pas, j'ai l'impression qu'elle pourrait dormir toute la journée. Plutôt de type « chat d'intérieur et de haut de sofa », elle ne chasse pas les mulots, déteste la pluie et a la neige en horreur. Par contre, elle aime regarder dehors, par la fenêtre, et sentir un rayon de soleil sur son dos. Elle ne refuse pas, à l'occasion, de grignoter une araignée bien juteuse et elle n'apprécie pas du tout quand Truffon la suit de près et la pousse au derrière avec sa truffe !

Personne n'en raffole, d'ailleurs !

En général, le matin, je dois m'occuper de nos animaux. Papa a été plutôt clair là-dessus. Nous pouvons en avoir, à condition que ce soit mon frère et moi qui les soignions. Disons qu'il y a plus de bêtes à quatre pattes que d'humains à la maison, et ce n'est pas à cause de mon vétérinaire de père, puisque sa clinique se trouve au village.

Il faut d'abord changer l'eau de Willy, lui donner de la nourriture, nettoyer sa cage et ajouter des copeaux de bois. Charles et moi possédons chacun un cochon d'Inde. Le mien est le plus beau avec ses poils longs. Willy passe ses nuits à courir dans sa roue. Ça peut devenir agaçant à la longue, mais je suis habituée et cela ne m'empêche pas de dormir. Pas question qu'on le laisse seul avec Monique au sous-sol! Elle le regarde souvent de façon étrange en se léchant les babines.

Plutôt inquiétant!

Quant à Truffon, il peut rester des heures à observer mon cochon d'Inde pendant que ce dernier somnole, mange, ou même quand il ne fait absolument rien. Mon chien ne s'ennuie jamais (toujours la faute de ses gènes), et il se sent obligé de surveiller tout ce qui bouge autour de lui. Par contre, il lui arrive parfois de s'endormir sur la job!

Le cochon d'Inde de Charles, Gus, est tout le contraire du mien. Il a le poil court, déteste la roue et joue à la statue dans un coin de sa cage la plupart du temps. C'est un vieux rongeur. Il boit dans sa gourde en faisant beaucoup de bruit. Récemment, il a attrapé des mites de peau. Son pelage est devenu terne et il se grattait sans arrêt. Les démangeaisons étaient si intenses qu'il a même eu des convulsions.

Pauvre Gus! Il faisait pitié à voir. Heureusement que papa l'a soigné dès les premiers symptômes.

Depuis, je préfère que mon Willy ne le fréquente pas trop.

Charles, c'est mon grand frère, dans tous les sens du terme. Il a beaucoup grandi récemment et est maintenant capable de se toucher le genou sans se pencher. C'est pratique quand ça gratouille, mais pas tellement joli au premier coup d'œil. Grand-man prétend que l'adolescence en est la cause. Mon frère me semble normal quand on le compare à ses amis. On dirait tout de même une bande d'orangs-outans en liberté !

Je suis le bébé de la famille et, selon Charles, je suis aussi le chouchou de Grand-man.

Je crois qu'il est jaloux !

Je le trouve un peu fatigant. Un vrai pacha, toujours en train de me donner des ordres ou bien de me poser des questions idiotes !

— Le téléphone sonne, peux-tu répondre, Camille ?

Comme si j'étais sourde ! Il préfère laisser le répondeur prendre les messages.

— Est-ce qu'il reste du jus d'orange ?

Comment pourrais-je le savoir? Qu'il fasse comme tout le monde et se lève pour regarder dans le réfrigérateur!

Camille, par-ci! Camille, par-là…

Je n'aime pas qu'on me dise quoi faire, surtout quand ça vient de lui!

Je traîne toujours ces quatre satanées années d'écart avec lui comme un boulet. Par chance, on ne se ressemble pas trop, disons seulement que nos cheveux roux et bouclés nous donnent un air de famille. C'est évident que si on était châtains ou bruns, je pourrais l'ignorer plus facilement en public. Tout ça, c'est la faute de papa. Je parle de la couleur de nos cheveux, bien sûr.

Je dois tout de même préciser que Charles peut être charmant lorsque ses amis sont ici, quand il dort ou qu'il est hors de ma vue. C'est d'ailleurs dans ces moments-là qu'on s'entend le mieux.

Ha! Ha! Je blague un peu.

Nous vivons avec Louis, mon père, et ma grand-mère maternelle, Béatrice, dans une maison intergénérationnelle. Selon papa, c'est un peu comme si nous habitions dans un duplex (c'est en fait deux maisons qui sont collées ensemble), sauf qu'il a fallu payer une fortune pour aménager un logement indépendant à l'intérieur de notre demeure tout en préservant l'intimité de chacun. Grand-man occupe la partie la plus petite alors que nous sommes trois personnes dans l'autre.

Ça peut sembler compliqué, mais pour moi, il n'y a rien de plus simple : seule une porte dans le corridor me sépare du salon de Grand-man.

Je n'ai pas connu ma mère puisqu'elle est morte quand j'étais bébé. Ma grand-mère demeure avec nous depuis ce temps. C'est un peu elle qui l'a remplacée, j'imagine. Comme je n'ai pas de souvenirs de maman, elle ne me manque pas vraiment, même si je pense souvent à elle.

On ne peut pas en dire autant de papa, qui garde une tristesse dans le fond des yeux depuis longtemps. Exactement comme la mélancolie qu'on peut remarquer dans les prunelles des chiens (en excluant les chihuahuas, qui ont les yeux plutôt exorbités).

D'accord, personne n'aime vraiment être comparé au meilleur ami de l'homme. Même un vétérinaire !

Il me semble que dehors, les toutous sont tout le temps heureux et trop contents. Toujours partants pour courir après un écureuil, se rouler dans une mare de boue, faire une balade en voiture ou creuser un trou dans la cour. En même temps, je vois souvent le doute dans le regard du mien. Il ne supporte pas de rester seul à la maison. Mon père dit que ses anciens maîtres n'étaient pas très gentils avec lui. Je ne comprends pas pourquoi, il est tellement mignon et dévoué!

Alors, quand je remarque sa tristesse, je lui demande s'il veut un câlin. Il s'assoit immédiatement, je m'accroupis à côté de lui, il pose sa tête dans mon cou et je l'entoure de mes bras.

Ça le rassure, je crois. Et moi, je me sens si bien!

Bref, je les trouve magnifiques, les yeux bleus de Truffon.

Et ceux de mon papa aussi!

3

Et ça continue!

Charles doit nourrir Monique et vider sa litière. Ma chatte est assez difficile et refuse de faire ses besoins si le bac n'est pas impeccable. Puisque mon frère et moi n'avons pas la même définition du mot «impeccable», je me sens obligée de lui donner un petit coup de main. Je prends aussi soin de Truffon.

Finalement, je m'occupe de presque tous nos animaux! Par contre, je ne soigne pas du tout Gus, le cochon d'Inde de Charles. Il y a toujours de drôles d'odeurs qui sortent de sa cage! Un mélange de vieux rongeur, de copeaux humides et d'une autre chose que je n'arrive pas à identifier, et qui pue terriblement!

Toutes les dix minutes, je courais chez Grand-man pour m'assurer qu'il n'y avait pas de changement.

—Elle est encore dans le coma, notre petite mésange?

—Voyons, Camille, n'exagère pas, elle est juste un peu secouée. Notre Clémentine se repose, il faut lui donner du temps.

Ici, tous les animaux reçoivent un nom dès qu'ils s'attardent un peu. Grand-man prétend personnaliser la relation ainsi. Je ne comprends pas trop ce que ça veut dire, mais je trouve ça chouette, comme idée.

J'en ai profité pour vérifier si la mésange respirait régulièrement en plus de caresser sa minuscule tête. Tout semblait sous contrôle !

— Je m'en vais déjeuner et, ensuite, je m'occupe des oiseaux. Allez, Truffon !

— Tu ne viens pas d'engloutir ton troisième petit gâteau ?

— Grand-man, c'était juste une entrée !

Dans ma cuisine, en mangeant mes céréales, j'ai une vue imprenable sur l'immense aquarium d'eau salée de papa. Une vingtaine de poissons colorés y nagent sans relâche. Je n'ai pas le droit d'y toucher, car c'est vraiment compliqué de le nettoyer, et je ne voudrais surtout pas qu'il arrive malheur à un de ses protégés.

De toute façon, je me demande bien ce qu'on peut faire avec des poissons, à part les regarder. Ça devient un peu lassant, à la longue, de les observer tourner en rond dans leur bain géant. Papa pratique le même genre d'activité, le soir. Il pédale sur son vélo stationnaire dans le sous-sol pendant une heure, sans aller nulle part. J'imagine que c'est pour ça qu'il aime autant ses poissons !

Pourtant, il n'y a pas le moindre amour à tirer d'eux, ils n'ont jamais de réaction de joie quand on les nourrit et on peut oublier les exercices de dressage du type « donne la patte » ou bien « assis-couche-tourne » pour avoir droit à une récompense.

Truffon fait tous ces trucs depuis long-temps.

« C'est tout de même joli, les poissons dans le salon, ça fait de la couleur ! »

C'est mon amie Fanny qui le dit. Elle trouve ça apaisant de les voir nager en rond.

Eux, ils n'ont pas de noms, ce qui prouve bien que ce ne sont pas vraiment des animaux de compagnie.

J'imagine que travailler avec des chiens et des chats toute la journée enlève le goût de s'en occuper le soir à la maison.

Les poissons exigent moins d'attention et permettent sûrement à mon père de se détendre un peu.

Ce n'est pas toujours facile le travail de vétérinaire. Parfois, les gens doivent faire euthanasier leurs compagnons quand ceux-ci sont trop malades. Papa prétend qu'il faut se consoler en se disant que maintenant notre meilleur ami ne souffre plus.

Moi, j'ai la chance de n'avoir perdu aucun des miens. Je sais bien que ça va arriver un jour. Ça me rend triste juste d'y penser.

J'en profite alors pour faire un gros câlin à chacun. Ça me rassure un peu !

Mon petit monde soigné et nourri, et mon bedon bien rempli, il était temps de retourner chez Grand-man.

En courant pour aller déposer mon bol dans le lave-vaisselle, je me suis fracassé l'orteil du milieu sur un pied de chaise.

Aïe! Aïe! Aïe!

J'avais l'impression de sentir les battements de mon cœur jusque dans mon pied. Même mes larmes coulaient sans le vouloir.

Tu parles d'un accident stupide! On peut dire que ce n'était pas un bon matin pour les face-à-face!

Je me suis donc rendue chez ma grand-mère en sautillant comme un lapin.

— Grand-man, je crois que je me suis cassé un orteil, et en plus, ceux de chaque côté sont pas mal amochés aussi.

C'est avec le ton de quelqu'un qui est tanné de répéter les mêmes choses qu'elle m'a ordonné:

— Montre-moi ça! Ah là, là, Camille, Camille, Camille!

Je déteste tellement quand Béa me nomme trois fois de suite! Ça annonce un petit discours rempli de reproches. Comme de fait!

—Voilà une des raisons pour laquelle je te dis de porter des souliers et d'arrêter de courir. Hé, oui! Ton orteil est déjà gros comme un cornichon et commence à devenir tout bleu. Et les deux autres sont meurtris. Je vais poser un peu de glace dessus et il vaudrait mieux que tu ne restes pas nu-pieds.

J'ai failli grogner comme le vieux chien de mon troisième voisin. L'été, j'aime quand mes orteils peuvent prendre l'air. On étouffe dans des espadrilles, seulement, inutile d'argumenter avec Grand-man.

Si j'avais écouté ses conseils aussi, je n'aurais pas été blessée!

Bien installée dans la chaise berçante, avec un sac de glaçons qui me gelaient le pied, je pouvais tout de même surveiller Clémentine du coin de l'œil.

En voilà une qui semblait apprécier notre hospitalité!

Disons que je n'avais pas prévu une telle activité pour mon samedi matin! En plus, impossible de ne pas apercevoir nos mangeoires d'oiseaux qui étaient pratiquement vides.

Je n'avais pas le temps de paresser!

— Si jamais elle s'envole dans la cuisine, qu'est-ce que je dois faire exactement?

J'avais crié, ne sachant pas trop où se cachait Béa.

— Elle est bien enveloppée dans la débarbouillette, elle ne devrait pas être capable de sortir toute seule. Quand elle ouvrira les yeux, on la transportera dehors.

Facile à dire avec ces orteils qui me faisaient souffrir!

La petite mésange n'était sûrement jamais entrée dans une maison, et il ne fallait pas qu'elle se lance dans la fenêtre une autre fois, en voulant retourner à l'extérieur.

Cinq minutes plus tard, un peu fatiguée de me bercer alors que Clémentine ne bougeait toujours pas, j'ai décidé qu'il était temps de passer à autre chose. J'ai appelé ma grand-mère :

— Et pour mes doigts de pied, qu'est-ce qui arrive ?

— Je vais immobiliser les trois ensemble, avec un bandage, m'a-t-elle répondu en réapparaissant avec sa trousse de premiers soins.

— Dépêche-toi, Grand-man. Je dois m'occuper des oiseaux, les mangeoires sont encore vides. Une est même tombée ! Tu ne trouves pas ça bizarre, d'ailleurs ?

— Justement, il faut découvrir celui qui est derrière tout ça. D'après moi, on a un visiteur nocturne… et on va le démasquer ce soir même!

—J'espère que je fais partie de ton plan?

—Ne t'inquiète pas! Même Truffon sera de garde, cette nuit.

Pendant que Grand-man me soignait avec un bandage spécial immobilisateur d'orteils, j'ai eu droit à quelques détails sur notre mission intitulée: «Qui est le voleur?»

Ça allait être une soirée extra! Je dormirais dans le salon de ma grand-mère avec Truffon. Il japperait au moindre son suspect et nous aiderait à découvrir notre mystérieux visiteur. Mon chien a l'ouïe fine et l'odorat très développé.

Il n'était pas question de laisser notre royaume se faire détruire sans bouger!

Parce que les oiseaux, pour Béa, c'est super important! Papa y voit une obsession, moi, je pense plutôt que c'est une grande passion.

Nous vivons presque dans une volière à ciel ouvert.

Notre cour est un paradis pour eux. Nous possédons des mangeoires, des nichoirs, des abreuvoirs, des bains et certaines fleurs particulières pour les attirer. La destination de rêve pour les bêtes à plumes se trouve ici!

De sa fenêtre, Grand-man surveille toujours l'arrivée de nouvelles espèces. Elle prend des notes et des photos. Un jour, elle aimerait bien écrire un livre pour les enfants. Un autre de ses nombreux projets!

Moi, je l'aide et, par la force des choses, je suis en train de devenir une ornithologue junior.

À voir la quantité d'amis qui viennent nous visiter, je peux affirmer que Béa est aussi douée pour faire des collations pour les oiseaux que pour cuisiner des cupcakes.

La majorité des espèces qui viennent aux mangeoires raffolent des graines de tournesol noires. Ici, les oiseaux mangent un sac de 18 kilos chaque mois! C'est exactement le même poids que Truffon, et je suis incapable de soulever l'un ou l'autre. De toute façon, papa dit que les chiens sont faits pour rester par terre, même les plus petits.

Dans notre cour, comme dans la vie en général, les plus gros font la loi. Les geais bleus dominent les mangeoires. Ils sont plutôt faciles à identifier parce que leurs plumes ont plusieurs teintes de bleu. On ne peut pas les manquer.

Heureusement, ils viennent seulement par période et sont plutôt peureux! Dès qu'on arrive près de nos installations, ils disparaissent rapidement. Ils font partie de la grande famille des corneilles et attaquent parfois le nid des autres oiseaux pour manger les œufs ou les bébés. Ouach!

Vraiment triste! Ils sont si beaux, en plus.

Béa dit que c'est la vie.

Quelle drôle de réponse!

4

Le grand jour

Les plans de la journée de Grand-man avaient été un peu bouleversés par ce petit incident. Je parle de celui de la mésange, évidemment. Parce que chez les Fortier, il y a longtemps que nous avons perdu le compte des orteils cassés! Papa détient le record de la famille avec ses huit fractures aux doigts de pied.

Normalement, c'était aujourd'hui le grand jour. Et ça n'avait rien à voir avec notre mission nocturne! Enfermée dans le garage tous les après-midi depuis une bonne semaine pour bricoler, Béa fredonnait quand le hurlement du banc de scie ou le chant de la perceuse se taisaient.

Je n'avais pas la moindre idée de ce qu'elle pouvait manigancer, et mon père commençait à être anxieux. Grand-man, elle, refusait de m'en dire plus.

— C'est une surprise, ma Camille! Je ne veux pas en parler à Louis tout de suite.

— Tu sais que papa n'aime pas toujours tes projets...

— Fais-moi confiance, il ne devrait pas être déçu!

C'était un peu ce qui me faisait peur.

Comme on m'avait interdit l'accès au garage, je devais prendre mon mal en patience.

J'imaginais qu'elle fabriquait quelque chose pour améliorer notre domaine d'oiseaux.

— Je retourne à l'atelier, il me reste juste une petite chose ou deux avant de terminer. Dans une heure environ, le mystère n'en sera plus un !

— Ah, Grand-man, on dirait que tu fais exprès pour m'agacer !

— N'oublie surtout pas de veiller sur Clémentine !

Elle est donc partie avec son vieux compagnon qui traînait derrière elle. Ma grand-mère possède un chien bouledogue qui la suit comme son ombre. Monsieur (c'est son nom !) passe la plupart du temps à ronfler et à pétarader à qui mieux mieux.

Il ressemble un peu à un bibelot. Il ne fait pas beaucoup de grands déplacements. C'est à cause de la longueur de ses membres inférieurs par rapport à la rondeur de son corps. Impossible de courir quand on est fait comme ça ! De plus, il porte un surplus de peau qui s'accumule en plis et replis. J'imagine qu'il se garde un peu de place au cas où il prendrait du poids, seulement je ne suis pas certaine que ses pattes courtes pourraient supporter un corps encore plus gros.

Son pelage est toujours irréprochable, tout blanc parsemé de taches brunes ici et là, dont une qui entoure son œil droit. Avec son petit air bourru, ses babines tombantes et son nez écrasé, on ne peut pas dire qu'il manque de charme.

La cour est son royaume et les pieds de Grand-man, son refuge.

Il est vraiment parfait pour quelqu'un qui n'aime pas trop marcher et qui déteste les chiens excités qui jappent pour rien. Tout de même sportif à ses heures, il accompagne souvent Béa en vélo. Évidemment, il ne trotte pas à côté, elle l'installe plutôt dans un panier derrière son siège.

Truffon et Monsieur s'entendent bien. Comme le chien de ma grand-mère ne bouge presque pas, le mien l'ignore un peu. Il n'y a rien de plaisant à surveiller quelque chose qui reste immobile la plupart du temps. Mon chien aimerait beaucoup gambader et jouer avec Monsieur. J'imagine que cela se réalise dans ses rêves, car je le vois souvent remuer ses pattes, comme s'il courait, quand il dort.

Monsieur est aussi un compagnon idéal pour les oiseaux! Une fois, pendant qu'il dormait dans la cour au soleil, une mésange s'est posée sur un des plis de sa grosse tête. C'était trop mignon! En plus, il ne s'en est même pas aperçu!

On pourrait presque oublier sa présence s'il ne respirait pas comme une balayeuse la plupart du temps.

Tous les samedis matin, Fanny vient me rejoindre après son cours d'arts martiaux. Elle demeure à quatre maisons de chez moi et nous n'avons aucun voisin derrière nos habitations puisqu'il y a une grande forêt. Elle peut donc passer soit par la rue, soit par un petit sentier dans le bois qui longe les cours arrière.

Son cousin Hugo n'est jamais très loin. On pourrait le comparer à un parasite sympathique. Pas nécessairement nuisible, plutôt un de ceux qui vivent en symbiose avec leur hôte! Cela veut dire que deux animaux différents habitent ensemble sans trop se nuire, c'est papa qui me l'a expliqué. Comme les rémoras, ces poissons qui s'agrippent aux requins pour se nourrir des restes de leurs repas. Hugo a le même comportement. Il suit Fanny comme son ombre et vide les assiettes des autres dès qu'il le peut! Par chance, lui, il se déplace tout seul.

Hugo passe une partie de ses étés ici, à la campagne, comme le veulent ses parents. Parce que chez lui, en ville, on trouve peu de verdure, et puis une ruelle, ce n'est pas l'idéal pour respirer du bon air.

Pas très grand et un peu joufflu, Hugo est toujours partant pour l'aventure, surtout s'il y a une collation qui traîne quelque part. Avec ses cheveux blonds comme le sable et sa peau blanche, il doit porter des vêtements longs ou alors on le badigeonne généreusement de crème solaire. Sinon, il risque de devenir rouge comme un homard.

Nous, on ne refuse jamais une troisième paire de bras! Le samedi, nous donnons donc un gros coup de main à Grand-man pour que le royaume des oiseaux reste impeccable et bien garni. Durant la saison chaude, il y a beaucoup de travail à faire.

À première vue, mon amie Fanny peut paraître fragile, mais attention, car sous ce toupet se cache une ceinture orange en jiu-jitsu. Il ne faut pas le dire trop fort, parce qu'il s'agit de son arme secrète. Elle n'hésite jamais à exécuter une bonne clé de bras, faisant ainsi réfléchir ceux qui se croient au-dessus de tout. Elle sait utiliser juste assez de force pour que le message passe.

C'est toujours un peu humiliant de se faire remettre à sa place par un petit bout de fille!

De nature très calme, on dirait presque une adulte dans un corps d'enfant. Grand-man prétend qu'elle possède la sagesse d'un vieux moine bouddhiste. C'est sûrement grâce à ses parents qui sont zen en tout temps.

Mon amie ne parle pas beaucoup, mais observe et écoute. Elle a les cheveux bruns et des yeux noirs remplis de détermination. Je crois que c'est à cause des arts martiaux.

La maison de Fanny est un vrai havre de paix comparativement à la mienne qui ressemble un peu à un zoo. Dans son salon, il y a une fontaine, avec de l'eau qui coule pour de vrai, au lieu d'une immense télévision comme chez la plupart des gens. Quand on n'est pas habitué, ça donne envie de faire pipi. Moi, ça m'arrive tout le temps.

Sa mère enseigne le yoga et l'auto-défense, alors que son père pratique aussi le jiu-jitsu. Il est ceinture noire, deuxième dan. Un petit conseil comme ça : entrer la nuit dans la maison des Laroche, sans invitation, ce n'est pas nécessairement la meilleure idée !

Je me trouve très chanceuse d'avoir Fanny comme amie. Grand-man me répète toujours qu'il faut faire attention aux gens qu'on aime. J'imagine qu'elle a raison puisque certaines de ses amies lui sont fidèles depuis plus de cinquante ans !

Quant à Hugo, eh bien, on s'habitue à sa présence. Un genre de « deux pour un » estival !

—Fanny, Hugo, venez voir notre nouvelle pensionnaire ! Je vous présente madame Clémentine.

—Oh, une mésange ! Elle semble bien dans son lit. Par contre, ton bout d'orteil ressemble à une patate !

—Une pomme de terre bleue ! a cru bon d'ajouter Hugo.

Mon amie a toujours de drôles de comparaisons et son cousin aussi, d'ailleurs. Une fois, pour un travail d'école, je devais me décrire. J'imaginais que Fanny pourrait me donner une petite liste de mes qualités.

Je m'étais trompée ! Voilà ce qu'elle m'a répondu :

« Toi, Camille, tu t'habilles comme un sapin de Noël : toutes sortes de couleurs et de motifs qui ne vont pas ensemble, mais qui finissent par faire joli comme un arc-en-ciel. »

J'aurais préféré qu'elle dise autre chose, mais bon ! Voilà ce qu'elle retenait de moi.

— J'espère que vous n'avez pas oublié ? C'est aujourd'hui que Béa doit nous montrer LA surprise ! Je me demande bien ce qu'elle fabrique dans le garage.

— Peut-être qu'elle a apprivoisé un petit tamia ? a supposé Fanny, pleine d'espoir.

— On n'a aucun indice ! En plus, elle se prépare depuis une grosse semaine au moins !

— Elle pourrait avoir déniché une loutre de rivière blessée, a continué Fanny.

— Ou entrepris un élevage de coccinelles ? a rêvé tout haut Hugo.

Le cousin de mon amie est plutôt du genre ramasseur de bibittes et grand éleveur de mantes religieuses. Sûrement une autre raison pour laquelle ses parents l'envoient se ressourcer à la campagne.

—À moins qu'elle n'ait commencé à domestiquer un bébé moufette? a renchéri mon amie.

—Ou capturé des fourmis pour créer une fourmilière géante dans un aquarium, a poursuivi notre amateur de bestioles.

De toute évidence, chacun avait ses préférences.

Valait mieux attendre de voir Grandman apparaître pour éviter les déceptions.

5

Un royaume invitant

Comme je l'ai dit un peu plus tôt, nos mangeoires se vidaient à vue d'œil. Même qu'on en a trouvé une par terre, tout abîmée. C'était vraiment bizarre ! Des branches d'arbre aussi avaient été brisées.

Dans le fameux plan de Béa pour découvrir notre voleur, il était prévu que Truffon coucherait ce soir dans sa cuisine pour qu'il puisse nous avertir dès que quelque chose se passerait dehors. Curieux hasard, je voulais justement inviter mes amis à dormir à la maison ce samedi-là.

Fanny a demandé la permission à sa mère et, en quelques minutes, tout était réglé pour notre super soirée.

J'ai donc décidé que je partagerais le sofa avec mon amie et que Hugo aurait sa place au sol sur le matelas de camping, mais Grand-man n'était pas encore au courant de ce petit ajout.

Au premier jappement, je me lancerais rapidement à la fenêtre pour identifier le brigand! Je pouvais courir plus vite que Grand-man malgré mes trois orteils hors service. Enfin, je l'espérais!

Nous avions plusieurs choses à faire avant de nous consacrer à notre fameuse mission. Il fallait d'abord réapprovisionner le royaume. À trois, ça serait rapide!

Nous nourrissons les oiseaux été comme hiver, même si plusieurs personnes prétendent que la saison hivernale est la plus importante.

C'est sûr que l'été, il y a beaucoup plus de nourriture disponible. Certaines espèces mangent des insectes, des vers de terre, des fruits, des graines végétales ou les noix des arbres.

Comme le dirait Grand-man : « Ici, on les aime toute l'année ! »

Pour nous aider, Béa a préparé une liste des différentes tâches à faire. Moi, je n'ai plus besoin de la consulter, car je commence à avoir pas mal d'expérience.

Avant de remplir les mangeoires, quand elles sont vides, nous essayons toujours de nourrir les mésanges à tête noire à la main. C'est tellement plaisant ! Il faut pas mal de patience, par contre. Ce sont mes oiseaux préférés, je les adore ! Ça fait tout drôle de sentir leurs petites griffes autour de mon doigt. Très délicates, elles ne restent jamais longtemps, mais juste assez pour me donner l'envie qu'une autre y vienne à son tour.

Parfois, elles se posent sur le chapeau de paille de Grand-man pendant qu'elle jardine. C'est sûrement parce qu'il ressemble à un nid!

On peut facilement les identifier avec leur tête noire et leur bedaine jaune. Très présentes aux mangeoires, elles viennent sans relâche chercher une graine de tournesol à la fois pour s'installer ensuite sur une branche, l'ouvrir, la déguster et recommencer encore et encore.

Si petites, et manger autant!

Grand-man dit toujours: «Je ne sais pas qui a inventé l'expression "avoir un appétit d'oiseau", mais ce n'est pas vrai du tout.»

Voici donc notre train-train du samedi matin en été:

<u>Première étape</u> : remplir les mangeoires de graines de tournesol et éviter d'en renverser par terre pour ne pas attirer les écureuils roux.

Quand ils sont trop nombreux, Grand-man sort sa fameuse cage et les capture un par un. Rien de plus facile que d'attraper des écureuils, ils sont si gourmands! Ils n'hésitent jamais à aller chercher l'arachide en écale que Béa pose dans le fond de la cage. Dès qu'ils avalent la collation, VLAN! La porte de la cage se referme et les garde prisonniers.

Ensuite, nous partons en vélo et les libérons dans une forêt éloignée. Dans notre royaume, ils font parfois un peu trop de grabuge. Les plus malins réussissent même à s'introduire dans les mangeoires par une ouverture de trois centimètres de haut sur trois centimètres de large pour aller se gaver de notre délicieux pain d'oiseau, celui que nous offrons seulement l'hiver, car il contient beaucoup de protéines, ce qui le rend très nourrissant.

Ma grand-mère a plein d'astuces pour empêcher les écureuils de grimper dans les mangeoires, mais on dirait qu'ils deviennent de plus en plus rusés! Il faut sans arrêt se casser la tête pour les déjouer.

Les tamias rayés, eux, sont les bienvenus! Toujours sympathiques et beaucoup moins effrontés, ils restent plutôt au sol et se nourrissent surtout des graines qui y tombent. Ils font le ménage! On les voit souvent courir et bondir avec les bajoues trop pleines en direction de leur terrier.

<u>Deuxième étape</u>: remplir le silo à arachides. Très populaire, il est principalement visité par les mésanges, les sittelles à poitrine rousse ou à poitrine blanche, les pics et les geais bleus.

<u>Troisième étape</u>: changer l'eau de l'abreuvoir et des bains d'oiseaux, qu'il

faut prendre soin de rincer sans jamais utiliser de savon. Tout comme nous, les oiseaux ont besoin d'eau bien fraîche pour se désaltérer et se baigner.

Quatrième étape : remplacer le nectar de l'abreuvoir à colibris à gorge rubis. Grand-man en garde toujours dans son réfrigérateur. Je dois vider le contenant, le nettoyer et le remplir de nouveau, mais pas trop, pour ne pas le gaspiller. Quand il fait très chaud, on doit changer le nectar tous les trois jours pour éviter qu'il surchauffe, se gâte et devienne néfaste pour leur santé.

À la fin du carnet, tu trouveras la recette ultrasecrète (OK, j'exagère peut-être) de Grand-man. Ce n'est pas trop compliqué, car il y a seulement deux ingrédients que tout le monde possède dans sa maison.

Ça semble être un vrai délice. J'ai même déjà vu un pic chevelu qui en buvait !

Le colibri à gorge rubis ne vient ici que l'été. Grand-man sort ses abreuvoirs au début du mois d'avril pour l'attirer.

Durant la saison chaude, on observe jusqu'à une vingtaine d'espèces différentes aux mangeoires. Dans les périodes de migration, au printemps et à l'automne, on peut souvent remarquer de nouveaux oiseaux. Bien sûr, il faut être attentif et ne pas avoir peur de les chercher dans un guide d'identification pour découvrir qui sont ces visiteurs.

J'étais donc en train de changer l'eau du bain d'oiseaux dans la cour quand j'ai aperçu la porte de garage qui s'ouvrait. Je me suis précipitée en espérant entrevoir quelque chose à l'intérieur.

Grrr! Béa s'éloignait déjà sur son vélo, Monsieur confortablement installé dans son panier.

J'ai quand même tenté ma chance en hurlant une petite question :

— Grand-man, où est-ce que tu t'en vas?

Il était inutile de crier. Même si elle entend très bien, Béa fait souvent la sourde oreille!

C'est une de ses manies, nous faire croire qu'elle comprend mal.

Comme toujours, Fanny m'encourageait comme elle le pouvait:

— Patience, Camille!

On ne peut pas dire que la patience est ma plus grande qualité, surtout quand je suis si intriguée. Il valait mieux terminer le ravitaillement, comme ça, on aurait tout notre temps pour LA surprise au retour de Grand-man!

— Tu n'aurais pas un petit quelque chose à grignoter pour moi? a quémandé Hugo, notre puits sans fond.

En voilà un qui fait augmenter la facture d'épicerie! Sincèrement, je me demande si ses parents ne l'envoient pas en vacances ici pour faire des économies.

Je lui ai refilé un cupcake pour qu'il tienne jusqu'au dîner.

<u>Cinquième étape</u> : remplir la mangeoire à chardons. Celle-ci ne se vide pas particulièrement vite, car il n'y a que les chardonnerets jaunes qui s'y nourrissent et, parfois, quelques mésanges à tête noire. Au printemps, c'est une autre histoire puisque plusieurs espèces de passage s'y arrêtent.

<u>Sixième étape</u> : s'asseoir sur notre banc pour enfin admirer les oiseaux.

Une belle récompense après tout ce travail. C'est un de mes moments favoris !

J'aime entrevoir le colibri à gorge rubis qui vient butiner dans les fleurs rouges de Grand-man.

J'aime contempler un pic chevelu mâle courtiser une femelle en lui apportant des graines de tournesol.

J'aime observer les chardonnerets jaunes qui se querellent pour avoir une des quatre places de la mangeoire à chardons.

J'aime apercevoir le cardinal à poitrine rose dans le feuillage de l'érable.

Et ce que j'adore plus que tout, c'est entendre les « vroout vroout » des mésanges à tête noire qui volent au-dessus de moi.

6

La famille s'agrandit

Avec tout ça, on avait un peu oublié notre Clémentine. En entrant dans la cuisine, je me suis rendu compte que quelque chose clochait. Notre petite boîte était vide, même plus une plume à l'horizon, et Truffon ronflait près du comptoir.

Tu parles d'un chien de garde !

Moi, un peu paniquée :

— Ah non ! Veux-tu bien me dire où elle est passée ?

— Elle ne doit pas être trop loin..., a tenté de me rassurer Fanny.

On a rapidement fait le tour de la salle à manger pour confirmer que notre mésange avait mystérieusement disparu.

Fanny a alors eu l'idée du siècle. De toute façon, je n'avais rien à proposer pour le moment.

— On pourrait ouvrir toutes les fenêtres, comme ça, c'est sûr qu'elle pourra sortir tout seule!

— Et qu'est-ce qu'on va faire avec les mouches noires et les maringouins qui risquent d'entrer? Tu sais que Truffon les attire comme un aimant! Si Grand-man n'a pas encore installé les moustiquaires, c'est parce que ça l'empêche de voir dans la cour.

— Une chose à la fois. Il faut d'abord retrouver Clémentine, s'assurer qu'elle retourne dehors, et ensuite, on s'occupera des insectes!

Nous sommes donc parties chacune de notre côté.

— Ouvrons bien les yeux, elle n'est sûrement pas loin, ai-je ajouté à l'intention de Fanny.

Il fallait vraiment la retrouver avant que Grand-man ne revienne puisque j'avais la responsabilité de veiller sur notre mésange. Ce n'était pas tous les jours qu'on me confiait la garde d'un oiseau.

J'en ai profité pour fermer la porte qui communique avec notre partie de maison. Oups! En souhaitant que Clémentine ne s'y soit pas déjà réfugiée!

Et voilà que j'avais un mauvais pressentiment à cause des mouches...

Après avoir cherché partout, ni Fanny ni moi n'avions encore repéré notre protégée et cinq bestioles me tournaient autour de la tête.

Elle ne pouvait quand même pas avoir été enlevée par des extraterrestres! Et de toute évidence, Truffon ne figurait plus sur la liste des suspects, avec ses yeux remplis de sommeil et son air ahuri qui semblait dire : « Est-ce que j'ai manqué quelque chose ? »

Là, j'ai commencé à me demander où se cachait Monique. J'aurais été surprise qu'elle saute sur le comptoir. Ses dix livres en trop l'empêchent de grimper un peu partout. Papa l'a mise au régime depuis peu, sauf que les résultats ne sont pas encore très concluants.

Lorsqu'on est vétérinaire, on a tendance à vouloir que ses animaux personnels soient parfaits. Déformation professionnelle, j'imagine.

Moi, je l'accepte comme elle est !

— Monique, ici, Monique !

— Voyons, Camille, tu sais bien que ta chatte ne vient jamais quand on l'appelle.

C'est vrai que la seule façon de la faire sortir de sa cachette est d'agiter sa nourriture. C'est un peu la faute de Truffon qui ne lui laisse jamais de répit.

Quant à Hugo, on ne pouvait pas compter sur lui, car je le voyais à genoux dans le gazon, avec sa loupe, à la recherche d'insectes.

Un peu découragée et dépassée par tout ça, je suis allée me chercher un verre d'eau.

Et devinez qui j'ai trouvé au fond de l'évier en train de boire !

J'ai fait de grands signes à Fanny qui avait déjà commencé à capturer, avec un filet à papillons, les mouches noires qui envahissaient lentement mais sûrement la cuisine. J'ai pris Clémentine tout doucement en immobilisant ses ailes pour ne pas la blesser, et je l'ai emmenée dehors. Elle ne s'est pas débattue et je l'ai déposée sur notre banc. Avant de s'envoler pour de bon, elle a déniché une graine de tournesol près d'elle et s'est installée sur une branche pour la déguster.

Au même moment, on a entendu le «pouet pouet» du klaxon de Grand-man.

On s'est tous précipités sur le côté de la maison. Disons que je traînais de l'orteil derrière Truffon et Fanny qui étaient arrivés en premier, suivis de près par Hugo qui tenait un petit pot avec quelques insectes non identifiés à l'intérieur.

C'est là que nous avons enfin vu la fameuse surprise.

Papa n'aimerait probablement pas l'idée! Et je me demandais comment mon névrosé de chien allait réagir et maîtriser son instinct. L'adaptation ne s'annonçait pas de tout repos.

Si je m'attendais à ça!

Monsieur, quant à lui, ne semblait même pas avoir remarqué les bêtes qui occupaient le panier à l'avant.

C'étaient deux belles grosses poules rousses!

Pas de doute, elles faisaient déjà partie de la famille.

Aussitôt descendue de son vélo, Grandman s'est dirigée vers la cour avec la cage, et les a libérées. Alors, a commencé une course folle entre Truffon, soudain très éveillé, et nos nouvelles colocataires.

C'était quand même surprenant! Je ne savais pas que des poules pouvaient courir aussi vite. Les plumes tourbillonnaient partout ainsi que les mottes de gazon.

Papa allait être content!

—Les enfants, il faut les attraper! Camille, capture Aglaé et Fanny, prend Sidonie! Hugo, essaie de les contenir!

Elles étaient déjà baptisées!

—Comment veux-tu qu'on les reconnaisse, elles sont pareilles! ai-je crié en me mêlant au groupe et en galopant tant bien que mal à cause de mes orteils.

On aurait dit que j'imitais une gélinotte huppée qui faisait semblant d'être blessée à une aile pour attirer l'attention et ainsi protéger ses bébés.

—Aglaé vient tout juste de se faire arracher une grosse plume au derrière! nous a informés Fanny.

—TRUFFON, AU PIED! a ordonné Grand-man.

Au même moment, mon amie et son cousin se sont brutalement heurtés et sont tombés à la renverse sur les fesses. Soudain, je me suis rappelé la règle du jamais deux sans trois! Après celui de la petite mésange et de mes orteils, c'était enfin le troisième accident de la journée et, je l'espérais, le dernier!

Pendant ce temps, mon chien continuait sa tournée «destruction du gazon». On aurait dit qu'il avait, lui aussi, un problème d'audition. Tandis qu'il fonçait littéralement sur Grand-man parce qu'Aglaé ou Sidonie virevoltaient près de ses jambes, elle a pu le saisir par le collier. Et c'est *rapido presto* qu'elle l'a rentré dans la maison. Du coup, nos nouvelles amies se sont mises à picorer au sol comme si de rien n'était.

Avec tout ce vacarme, mon grand frère a daigné sortir de sa tanière:

—Des poules?

Vraiment, tu parles d'une question stupide! De toute évidence, ce n'étaient pas des pigeons voyageurs!

Comme personne n'a cru bon de répondre, Grand-man a profité de sa présence pour lui demander:

— Charles, viens m'aider à apporter quelque chose!

Nous allions enfin découvrir ce qu'elle bricolait depuis tout ce temps: c'est avec un genre de cabane en bois qu'ils sont revenus dans la cour! Cela ressemblait drôlement à un poulailler. Ils l'ont déposée près de la maison, pas trop loin de la fenêtre d'observation de Béa, en retrait.

Avec un peu de chance, papa ne remarquerait pas cette nouvelle installation tout de suite puisque de notre cuisine, elle était à peine visible. Sauf que les œufs, en s'accumulant dans le réfrigérateur, risquaient de lui mettre la puce à l'oreille.

C'est ainsi qu'Aglaé et Sidonie ont pu emménager dans leur condo de luxe en y montant par la rampe d'accès. Je présumais qu'elles pourraient sortir durant de courtes périodes pour se balader tranquillement sous haute surveillance.

Évidemment, Truffon ne figurait pas sur la liste de ceux qui pouvaient les garder, tout simplement pour éviter que notre cour ne ressemble à un champ fraîchement labouré.

— Bon, vaut mieux replacer les plaques de gazon qui ont volé un peu partout avant que Louis ne revienne, a recommandé ma grand-mère.

En effet, notre cour faisait pitié à voir!

7

Alerte noire!

Toute une matinée! Malgré mes cinq ou six cupcakes (j'ai perdu le compte), j'avais une petite fringale. Fanny et Hugo étaient aussi affamés qu'une famille d'ours sortant de leur hibernation. Le sandwich quatre étages, une de mes spécialités, s'annonçait donc un bon choix.

Voici la recette en commençant par le bas: une tranche de pain de blé entier, de la mayonnaise, du jambon naturel fumé sans nitrate et toutes ces «autres cochonneries finissant en "ate"» (ça, c'est papa qui le dit), du fromage gouda, un autre morceau de pain, de la moutarde, des concombres, des tomates et des radis de notre jardin, encore un peu de mayo et, enfin, une dernière tranche de pain.

Écraser le régal avec sa main, c'est essentiel pour éviter de se décrocher la mâchoire. On peut aussi utiliser une assiette, surtout si on a oublié la première étape qui était d'avoir les mains propres!

En passant, Grand-man recommande de nettoyer également les légumes!

À l'instant même où je croyais que je pourrais m'asseoir et prendre une grosse bouchée de mon dîner, Béa est apparue dans la cuisine avec une bouteille de citronnelle à la main et un filet pour se protéger des mouches sur la tête.

—Camille, pourrais-tu venir ici une minute?

À ce moment précis, je me suis souvenue qu'une heure plus tôt, nous avions ouvert toutes les fenêtres chez ma grand-mère et, surtout, que nous ne les avions pas refermées.

Catastrophe ! Mon Truffon était attaqué par un nuage d'insectes bourdonnants. Résigné, il me regardait tout accablé et piteux !

Il a donc fallu que j'explique en long et en large que notre mésange avait mystérieusement disparu de sa boîte et qu'elle était miraculeusement réapparue dans le lavabo. Ce n'était pas facile de convaincre Béa que notre idée d'ouvrir les fenêtres était géniale.

Quand je me suis retrouvée à court d'arguments valables, j'ai tenté de la persuader en utilisant la méthode de Truffon, c'est-à-dire en penchant la tête et en faisant les yeux doux.

—Tu sais, Grand-man, l'important, c'est que Clémentine soit saine et sauve. Tu n'aurais pas aimé du tout que Monique l'attrape et joue un peu avec elle. Pour le reste, ce ne sont que de petits détails…

—Tu as raison! Voilà un sauvetage de plus à notre actif. Bon, maintenant il va falloir récupérer "les petits détails", avant que Truffon ne soit transformé en passoire.

Si l'on comptabilisait tous ses dons de sang involontaires, mon chien serait sans doute le meilleur toutou donneur de la province! Son parfum canin naturel rend folles toutes les mouches noires, surtout quand il a trempé dans son trou d'eau préféré et qu'il sent le marais. Au printemps, sa belle bedaine rose est toujours tachetée de points rouges qui sont, en fait, des piqûres.

Étrangement, Monsieur est souvent épargné. J'imagine qu'il produit des ultrasons en reniflant bruyamment, ce qui effraie les insectes piqueurs!

Voici la stratégie choisie. Après avoir fermé les fenêtres, on a attendu que les mouches se dirigent vers elles dans l'espoir de pouvoir sortir. Elles s'y agglutineraient immanquablement après avoir dévoré notre Truffon préféré. Dire que ce ne sont que les femelles qui piquent pour pouvoir nourrir leurs bébés !

À voir le nombre de piqûres sur mon pauvre chien, on pouvait dire que la survie de l'espèce n'était pas en péril !

— On les capture comment, maintenant ? ai-je demandé.

— Juste une minute, je viens de penser à un vieux truc. Je cours chercher quelque chose dans le garage qui pourrait nous aider.

Pendant que Truffon continuait de servir d'appât dans la cuisine, j'en ai profité pour vérifier si les petits gâteaux étaient aussi frais que ceux que j'avais mangés ce matin. Eh bien oui, ils étaient toujours aussi bons ! J'ai laissé mon chien ramasser les miettes, en guise de récompense pour son dévouement, tout en rêvassant à mon sandwich resté sur la table.

C'était évident que nous n'allions pas tuer les mouches noires en les écrasant contre la fenêtre, ce qui me semblait quand même la solution la plus rapide. Seulement, il y avait les bébés mouches qui attendaient leurs mères, et il ne faut pas oublier aussi que certains oiseaux se nourrissent d'insectes. Bref, ma grand-mère ne voulait surtout pas modifier quoi que ce soit dans la chaîne alimentaire.

La nature devait s'en charger elle-même!

BING! BANG! CLAC!

En l'entendant revenir, j'ai englouti mon cupcake d'une seule bouchée et articulé tant bien que mal:

—Grand-man, tu ne te lances pas encore dans un grand ménage du printemps?

—Pas du tout! On va récupérer les mouches avec ça!

—L'aspirateur d'atelier?

—Bien sûr! Ton grand-père attrapait toujours les guêpes qui venaient trop près de la maison de cette façon. Je ne vois pas pourquoi cela ne fonctionnerait pas.

Elle a donc démarré l'engin infernal, ce qui a fait disparaître Truffon comme par magie. Son endroit préféré pour se cacher: chez moi sous mon lit. Il réussit à se glisser dessous en s'écrasant comme une crêpe. C'est qu'il a l'oreille sensible, mon petit chien! (C'est une façon de parler, je sais qu'il n'est pas si mini que ça, mon Truffon, à moins qu'on le compare à un saint-bernard.)

On ne peut pas en dire autant de Monsieur qui, lui, était couché sur le dos, les quatre pattes en l'air, en nous suppliant du regard pour qu'on lui passe l'aspirateur sur le corps. Grand-Man l'a habitué, depuis sa plus tendre enfance, à se faire enlever les poils ainsi, avant qu'ils ne tombent.

Il adore ça, un vrai péché mignon!

Cinq minutes plus tard, toutes les traces de l'idée du siècle de Fanny avaient disparu. Nous avons libéré dans la nature les mouches qui étaient bien emprisonnées, grâce au pot que Béa avait pris soin de fixer à l'intérieur de l'appareil. Je me demandais si les mamans mouches seraient capables de retrouver leurs bébés. C'est tout de même assez violent cette succion. Même bref, un séjour dans un aspirateur doit être légèrement traumatisant.

Après tout ça, je pouvais presque entendre mon sandwich qui m'appelait depuis chez moi. À moins que ce ne soit mon ventre qui se plaignait?

— Grand-man, est-ce que je peux y aller ? J'ai vraiment faim !

— Malgré tous les petits gâteaux que tu as mangés ?

En revenant dans la cuisine, j'ai immédiatement remarqué que mon assiette était vide. Ne restaient que des miettes et un morceau de concombre abandonné.

Il ne fallait pas être un détective privé bien futé pour avancer deux hypothèses concernant les coupables. Et notre voleur nocturne ne faisait pas partie des suspects puisque mon sandwich se trouvait dans la maison.

Ce pouvait donc être mon chien, qui faisait mine de dormir sous ma chaise, ou bien Hugo, qui observait sa cousine, dehors, en grande conversation avec les poules. J'ai d'abord interrogé le deuxième suspect :

— Hugo, tu n'aurais pas vu ou englouti mon dîner, par hasard ?

Il m'a fait signe que non avec sa tête avant de pointer Truffon du doigt.

En me penchant, j'ai repéré une petite tranche de concombre et un bout de tomate qui traînaient sur le plancher. Voilà des indices qui ne laissaient planer aucun doute sur le coupable.

Grrr! Truffon refuse de manger tous ses légumes. Au moins, il ne laisse pas les croûtes!

J'ai dû me refaire un sandwich, que j'ai engouffré dans le temps de le dire pendant que Hugo me regardait avec envie.

J'ai donc décidé de lui en confectionner un autre. Avec lui, il n'y a jamais de perte.

— Est-ce que je fais partie de l'enquête, ce soir? a-t-il questionné la bouche pleine et un peu inquiet.

— Bien sûr, mais c'est Fanny et moi qui dormons sur le sofa!

— Et Colombine, elle est invitée aussi?

— Colombine qui?

— La chenille...

Hugo m'a alors présenté sa nouvelle amie qu'il promenait dans un petit vivarium portatif. Je l'ai trouvée jolie avec ses rayures blanches, jaunes et noires.

— C'est une chenille de papillon monarque, a-t-il précisé.

Donc, Colombine la chenille participe-
rait elle aussi à l'enquête.

8

Enfin un peu de répit !

Après notre dîner, mes amis sont rentrés pour se préparer en vue de notre soirée d'enquête en pyjama. Je suis allée rejoindre Grand-man qui jardinait. Pendant ce temps, nos poules étaient dans leur abri et apprivoisaient tranquillement leur dortoir fabriqué par Béa, juste pour elles.

Truffon était bien installé devant elles et ne les quittait pas du regard. Les poules roucoulaient, piaillaient et gazouillaient gaiement. Nos nouvelles pensionnaires

semblaient heureuses et mon chien bran-
lait la queue sans arrêt !

J'en ai aussi profité pour sortir la cage
de Willy, question d'aérer son humble
demeure. Monsieur s'est écrasé à l'ombre
et a pratiqué son activité favorite : ronfler
dehors.

Vraiment, tout le monde respirait le
bonheur !

Pendant que Béa sarclait le sol, je
l'étourdissais avec mille questions. Du
coup, le désherbage de ma rangée de
haricots n'avançait pas beaucoup.

— Grand-Man, est-ce que tu crois qu'on
va finir par apercevoir ce fameux oriole
de Baltimore ?

— J'espère toujours ! Quand tu étais très
petite, une famille est venue s'installer
ici. Et à l'automne, j'ai récupéré le nid.
Ce soir, je te le montrerai. J'imagine que
tu n'en as jamais vu de semblable. Il est
magnifique ! En attendant, il faut changer

notre morceau d'orange pour s'assurer que s'il en passe un dans le coin, il s'arrête chez nous. J'en ai dans le réfrigérateur!

Cet oiseau adore les fruits. Le mâle est facilement reconnaissable avec son ventre orange et sa tête toute noire. J'aimerais tellement en observer un! Nous avons une mangeoire réservée spécialement pour cet oiseau. C'est un genre de support dans lequel on pique une belle grosse tranche d'orange et, la plupart du temps, je suis obligée de la jeter après quelques jours parce qu'elle est pourrie!

En tout cas, les guêpes sont toujours au rendez-vous, elles.

Il ne faut pas perdre espoir puisque chaque année, nous découvrons de nouvelles espèces. Alors, j'espère jour et nuit que notre cour sera invitante pour une petite famille d'orioles de Baltimore.

—Et le passerin indigo, tu l'as déjà aperçu?

Voilà un autre spécimen qui manque à mon carnet! Je pourrais l'identifier facilement grâce à sa couleur éclatante : un beau bleu!

— Une seule fois, chez une amie. Je crois qu'on pourra en voir bientôt par ici. Avant, ils allaient uniquement dans le sud du Québec, mais aujourd'hui, avec les changements climatiques, plusieurs espèces s'aventurent de plus en plus au nord.

Un petit truc de Grand-man pour reconnaître et retenir le nom de certains oiseaux est que celui-ci fait souvent référence à une teinte ou à une de ses caractéristiques. Voilà quelques exemples : mésange à tête noire, geai bleu, chardonneret jaune, cardinal à poitrine rose ou sittelle à poitrine rousse.

J'ai commencé à tenir un carnet d'observation comme celui de ma grand-mère, mais le mien est beaucoup plus modeste. Chaque fois que je repère une nouvelle espèce ou que j'observe le comportement d'un oiseau, je l'inscris ainsi que la date. Récemment, j'ai ajouté une section pour ceux attendus et espérés.

Voici quelques questions à te poser pour t'aider à identifier un oiseau :

1. Quelles sont les couleurs de son plumage (son dos, sa tête, son ventre) ?

2. Quelle est sa taille (grosseur et longueur approximatives) ?

3. À quel endroit se trouve-t-il (au sol ou sur un arbre) ?

4. Quel type de bec a-t-il (cela nous informe sur son alimentation) ?

5. Vois-tu des particularités (points ou lignes) ?

Bien sûr, certains oiseaux sont très faciles à reconnaître, car ils possèdent une caractéristique unique aisément identifiable. D'autres font partie de grandes familles (les bruants et les parulines, par exemple), il faut alors s'attarder à de minuscules détails. Parfois, il s'agit d'une ligne noire qui traverse l'œil ou bien de deux petites taches jaunâtres de chaque côté du bec.

Feuilleter et lire un guide des oiseaux destiné aux enfants est aussi une bonne manière d'apprendre à les reconnaître.

Chez la plupart des espèces, le plumage des mâles est souvent plus coloré que celui des femelles. Et c'est au printemps, pendant la saison des amours, que la différence est la plus marquée. Par exemple, les chardonnerets jaunes mâles sont, durant l'été, d'un beau jaune vif alors qu'au courant de l'automne, leur robe devient plus discrète.

L'identification peut aussi être difficile à cause de la mue. C'est-à-dire que les plumes tombent (pas toutes en même temps, quand même) et sont remplacées par d'autres, plus ternes ou flamboyantes, selon le moment de l'année.

Les chiens et les chats perdent aussi leurs poils. Papa prétend que Truffon les perd à longueur d'année. C'est vrai que j'en récolte une grosse poignée chaque fois que je le brosse. On dirait des mini Truffon !

Certains oiseaux, comme les pics, arborent les mêmes couleurs (noir et blanc). Dans ce cas, c'est la taille de l'oiseau qui permet de différencier un pic mineur d'un pic maculé, par exemple.

Cela peut paraître un peu laborieux quand on commence, mais rapidement, et avec un bon guide, on peut arriver à les identifier !

Comme dit Grand-man : « Un oiseau à la fois ! »

Et c'est tellement excitant d'en découvrir un nouveau qu'on en oublie vite les difficultés.

Plusieurs espèces visitent donc sans relâche nos mangeoires. D'autres ne viennent qu'à certaines périodes. Et il y a ceux qui se nourrissent d'insectes et ne font que passer.

Ainsi, le pic flamboyant adore les fourmis, alors il arrive parfois qu'il s'arrête dans notre cour, car quelques colonies ont élu domicile sur notre terrain. C'est le seul pic, dans notre région, qui n'a pas le dos noir, à part quelques petites taches ici et là sur son plumage doré.

Grand-man a installé, en bordure de la forêt, une mangeoire de maïs. La gélinotte huppée en est friande! Nous pouvons l'observer surtout pendant l'hiver. L'été, elle passe plutôt inaperçue dans le feuillage puisqu'elle picosse la plupart du temps au sol, tout comme nos nouvelles pensionnaires.

La nuit, des chevreuils viennent parfois se nourrir. Les écureuils et les tamias rayés se régalent aussi. Bref, le maïs est apprécié!

Nous ne remplissons cette mangeoire qu'à l'occasion, donc pas tous les jours, et en petite quantité seulement, car nous essayons d'éviter d'attirer des animaux sauvages.

Cela peut sembler un peu compliqué à gérer, mais Béa s'en occupe.

Pour observer les oiseaux, il suffit, pour commencer, d'installer une seule mangeoire avec des graines de tournesol noires. Rapidement, les mésanges à tête noire viendront la visiter.

Ensuite, en déposant un bol d'eau peu profond en hauteur (pour empêcher les prédateurs de s'en prendre aux oiseaux), on peut aussi favoriser la venue de nouveaux amis.

Je commençais à avoir drôlement hâte que Fanny et Hugo reviennent pour notre super soirée d'enquête nocturne!

9

Négociations et compromis

Grand-man avait préparé la salade repas préférée de papa. J'imagine que c'était pour l'amadouer. Pas plus de cinq minutes après son arrivée, il avait déjà repéré nos deux nouveaux volatiles. Il faut préciser que Truffon n'a pas aidé notre cause en ne venant pas l'accueillir comme à son habitude. Bien installé dans l'herbe devant la résidence de nos demoiselles, il refusait de les quitter des yeux. Rien ne pouvait le faire changer d'occupation. Même les croques-croques qu'on secouait à ses oreilles ! Pourtant, Truffon est vraiment gourmand, il ferait n'importe quoi pour un peu de nourriture.

La négociation allait bon train autour de la table.

— Béatrice, je me demande si tu n'exagères pas. On n'habite pas dans une ferme !

— Louis, la municipalité permet d'avoir des poules depuis la semaine dernière, et qui ne voudrait pas de bons œufs frais tous les matins ? C'est économique !

— Il faut tout de même les nourrir et acheter la ripe de bois.

On dirait qu'il ne voyait que les points négatifs !

— Tu sais, mon petit papounet adoré, Aglaé et Sidonie sont déjà heureuses, ici ! Truffon est emballé et Monique aussi, même si elle ne le montre pas beaucoup.

En temps normal, je réussis toujours à lui faire changer d'idée en l'appelant par ce nom tout mignon.

— Elles vont détruire la cour arrière et abîmer la pelouse.

Mon père voue un amour sans borne à l'herbe bien verte, surtout depuis qu'il a aménagé un carré de verdure pour pratiquer ses roulés d'approche au golf.

— Tu ne dramatises pas un peu? Ce sont juste des poules, pas des autruches! a répliqué Grand-man.

— Le problème se présentera quand le chien se mettra à les pourchasser!

J'avoue que papa venait de marquer un point. Une chance que j'avais replacé toutes les touffes de gazon qui avaient plané pendant notre course épique lors de l'arrivée de Béa. Cela m'avait paru aussi difficile que de faire un casse-tête de cinq cents morceaux représentant une plage de sable. Par bonheur, Fanny et Hugo m'avaient aidée.

Mon frère, toujours aussi enthousiaste, a précisé :

— En tout cas, moi, je ne veux pas m'en occuper ! J'ai bien assez de Gus et de Monique.

Pfff ! En voilà un qui ne change pas !

Je me suis empressée d'intervenir :

— Moi, je vais en prendre soin. Ça ne me dérange pas !

Mon père a fini par capituler :

— J'aimerais mieux les voir dans un enclos, il ne faut pas qu'elles se promènent partout, chez les voisins, et surtout pas sur mon vert de pratique. En plus, elles risquent d'attirer les renards et d'autres bêtes.

Ah, encore une chose à laquelle je n'avais pas pensé !

Quant à Grand-man, elle n'avait rien laissé au hasard. Elle connaît trop bien papa !

—Ne t'inquiète pas, Louis. On va en monter un dans le fond de la cour, près de la forêt, à l'ombre. Tu ne les verras pas!

—Bon, j'imagine que je n'ai pas vraiment le choix…, a-t-il grogné.

Fiou, on l'avait échappé belle!

—Merci, mon petit papounet d'amour!

Heureusement, Grand-man pensait à tout. Les panneaux pour l'enclos étaient déjà construits, il ne restait plus qu'à les assembler. J'ai profité de l'absence de Béa, qui était retournée dans sa cuisine, pour mettre papa au courant de notre soirée spéciale.

—Ah oui, j'oubliais de te dire que je dors chez Grand-man avec Fanny et Hugo. Truffon va aussi nous accompagner, il sera notre système d'alarme portatif.

—Je suppose que vous voulez savoir qui a cassé la mangeoire. Je me doute bien de ce que vous allez trouver, m'a informée mon père.

— Chut, laisse-nous donc mener notre enquête !

Sitôt mon estomac rempli, je suis allée rejoindre Grand-man pour l'aider à assembler l'enclos pendant que les garçons s'occupaient de la vaisselle. Chacun son soir de corvée !

Béa avait acheté du bois traité pour fabriquer une sorte de terrain de jeux qui permettrait aux poules de se déplacer et de grignoter au sol durant le jour. Un petit toit en tôle, au fond, offrirait un peu d'ombre, et le grillage tout autour les retiendrait à l'intérieur. Une vieille rôtissoire leur servirait de bain pour se rafraîchir.

Nos poules étaient tout de même gâtées avec leurs deux résidences !

Même papa, qui s'exerçait un peu plus loin, semblait presque ravi :

— Pas de doute, elles seront bien dans leur petit coin !

J'avais hâte de ramasser nos premiers œufs. Béa disait qu'ils seraient bruns puisque leurs plumes étaient de cette couleur.

—Est-ce que tu crois qu'elles vont pondre demain matin, Grand-man?

—Sidonie et Aglaé doivent d'abord s'habituer à leur nouvel habitat. Cela ne devrait prendre que quelques jours. Puis, chacune d'elles adoptera une petite place et y retournera tous les jours.

De toute évidence, les mots-clés du jour semblaient être : attente et patience!

Avec un peu de chance, j'aurais une omelette d'ici peu, et Truffon, un coco frais pour son déjeuner qui ressemble d'ailleurs pas mal à son souper. C'est un truc de papa pour que le pelage de mon chien soit soyeux. Par contre, se rouler dans un trou de boue annule cet effet à tout coup!

Avant de pouvoir déguster un œuf, il fallait d'abord découvrir l'intrus qui faisait du grabuge dans notre cour. Je suis donc allée chez Grand-man pour préparer notre campement dans le salon.

J'ai ouvert le sofa-lit et j'ai apporté mon oreiller, mon sac de couchage ainsi que Racoon, mon raton laveur en peluche que j'ai depuis toujours. Sur la table, j'ai déposé ma lampe frontale et mon appareil photo.

Ensuite, j'ai traîné le coussin de Truffon et je n'ai pas oublié son jouet préféré, une grosse corde qu'il aime bien mordiller pour se détendre. Il ne manquait que le vieux chandail de laine de mon père qui sert de doudou à Monique. Je l'ai posé sur le rebord de la fenêtre.

Pour finaliser l'installation, il me fallait gonfler le matelas de camping de Hugo.

Ouf! Après, j'étais toute rouge et à bout de souffle!

À première vue, le matelas ne semblait pas très confortable parce qu'il est mince, même si papa répète qu'on pourrait s'étendre dans un champ de patates et qu'on ne sentirait absolument rien. Puisque nous étions chez Grand-man, à l'abri des mouches noires et des petites bosses, j'imaginais que Hugo pourrait dormir comme une bûche.

Béa a été bien surprise devant le capharnaüm dans son salon:

— Qu'est-ce que c'est que ce branle-bas de combat, Camille? Tes amis dorment ici?

— C'était prévu qu'ils viennent à la maison et comme je ne voulais surtout pas changer ton plan de mission et encore moins mes projets pour la soirée... Voilà, comme ça tout le monde est content!

—Ça ne sera pas une nuit de tout repos! a prédit Béa, le sourire aux lèvres.

Yé! Grand-man adore les changements, alors c'est toujours facile de la convaincre.

Pas de doute, notre campement méritait au moins trois étoiles!

10

Une soirée chaude!

Vers 19 heures, Fanny et Hugo sont enfin arrivés, bien chargés: sac de couchage, pyjama, brosse à dents et accompagnés de Colombine la chenille. Cela s'annonçait comme une nuit extra!

Grand-man avait prévu allumer un feu de camp dans la cour, pour nous calmer un peu, ainsi que des guimauves, pour nous gâter.

Alors que le soleil se couchait tranquillement, Alice, la chouette rayée, est venue se percher sur sa branche favorite. Béa lui a donné un nom, car elle présume que c'est toujours la même qui nous visite. En fait, on ne sait pas vraiment si c'est une femelle ou un mâle, puisque les deux sont semblables. L'oiseau est plutôt impressionnant, car avec sa tête qui tourne jusqu'à 270 degrés, cette chouette arrive à regarder dans son dos. Pratique et original!

Dès qu'il a commencé à faire un peu plus sombre, nous avons aussi eu la compagnie d'une chauve-souris. Elle ne se lassait pas de virevolter au-dessus de nous, plongeait de façon inattendue et changeait de direction à l'improviste.

Ma grand-mère a rassuré Hugo qui n'appréciait pas trop quand elle passait très près de nous.

— Il ne faut pas avoir peur! Elle nous survole pour attraper des insectes et se nourrir, et n'a aucune difficulté à s'orienter dans le noir.

Voilà une autre raison pour laquelle notre récolteur de bibittes n'était pas enchanté par la présence de la chauve-souris. Elle gobait, à une vitesse folle, l'objet de sa passion!

— Elle ne pourrait pas se prendre dans nos cheveux, n'est-ce pas, Grand-man?

— Aucun danger. Elles ne voient pas bien, mais possèdent une excellente ouïe. Elles émettent des sons très aigus qui rebondissent sur les obstacles et reviennent vers elles, ce qui leur permet d'évaluer la distance qui les sépare d'un objet. On appelle ça l'écholocalisation.

— Je crois que les baleines utilisent aussi cette méthode.

— Exactement, Fanny!

— Je n'entends rien!

— Normal, c'est une fréquence que les humains ne peuvent pas percevoir. Dans d'autres pays, il existe certaines espèces qu'on peut entendre.

Je dois dire que c'était plutôt chouette comme ambiance avec les lucioles qui commençaient à batifoler dans la forêt. Un vrai ballet nocturne, le tout accompagné par le chant des grenouilles et des grillons. Quelle belle symphonie !

Hugo trouvait plutôt que ça ressemblait à un soir d'Halloween. Il est un peu peureux, parce qu'il est plus jeune que nous. Moi, je n'ai presque jamais peur lorsque Truffon est là.

Ma grand-mère a profité des dernières lueurs du jour pour sortir sa boîte de nids : elle en a une dizaine. Pendant l'automne, quand les feuilles tombent, on peut les voir et les récupérer. Ils ne sont pas faciles à identifier, à part celui de l'oriole de Baltimore, qui est assez extraordinaire. Il ressemble à un petit ballon ! Maintenant, je ne pourrai plus m'empêcher de penser à cette espèce que je rêve de voir en vrai !

Le nid du merle d'Amérique a l'air très accueillant et plutôt confortable. Il est constitué de plusieurs couches différentes et même de boue séchée que la femelle recouvre ensuite de brins d'herbe.

De vrais architectes, ces oiseaux! On dirait qu'ils suivent un plan!

En nous montrant ses trésors, Béa a eu l'idée de nous parler d'une espèce aux caractéristiques un peu bizarres. Il s'agit d'un voleur particulièrement paresseux : le vacher à tête brune (que Grand-man a ajouté en bonus à la fin du carnet, car nous n'en voyons pas ici, en forêt).

Ce qu'elle nous a raconté à son sujet était tout à fait dans la thématique de notre mission.

— Imaginez-vous donc que le vacher pond son œuf dans un nid déjà habité et l'abandonne. L'autre oiseau, qui est absent au moment du méfait, devra le couver et s'occuper de l'oisillon par la suite.

—Et il ne se rend pas compte que ce bébé est différent? ai-je demandé, intriguée.

—En fait, notre intrus choisit un oiseau qui acceptera d'en prendre soin, car certaines espèces le jetteraient tout simplement par-dessus bord.

—Tu parles d'une drôle de maman! a commenté Fanny, un peu découragée.

—Elle revient quand même voir, à l'occasion, si son rejeton se porte bien. Souvent, comme la famille malchanceuse est une espèce beaucoup plus petite, cela devient très épuisant pour les parents de nourrir le gros oisillon qui est toujours affamé. Et du coup, les autres bébés écopent!

—C'est un oiseau rusé, a observé Hugo.

—Et mieux vaut que son petit soit là quand elle revient au nid, car la mère vacher pourrait même tuer ses frères et sœurs adoptifs!

On peut dire que cette espèce n'est pas la plus sympathique en ville!

Entre-temps, Grand-man avait sorti les bâtons et les guimauves. Fanny et moi, on les aime grillées à feu doux et sur tous les côtés. Il faut de la patience, pour que ça ne goûte pas le brûlé. Hugo plongeait plutôt la sienne dans les flammes. Je dois avouer que sa technique est beaucoup plus rapide, puisqu'il était déjà rendu à sa troisième, alors que mon amie et moi, on dégustait tout juste notre première.

Tout allait pour le mieux, jusqu'au moment où une guimauve enflammée, secouée un peu trop énergiquement par le cousin, a pris son envol pour atterrir sur le flanc de Monsieur qui dormait. Celui-ci a poussé un gémissement, pendant que Grand-man se ruait sur lui avec une couverture, pour éteindre la friandise en feu et éviter que son chien ne se transforme en torche vivante.

Quel gâchis pour son beau pelage! En plus de cette petite odeur de cochon brûlé.

—Oups! Désolé! a murmuré Hugo, un peu gêné et la bouche encore pleine.

Béa a dû s'absenter pour nettoyer son compagnon et nous en avons profité pour terminer le sac de friandises. Enfin, facile d'imaginer qui l'a englouti. Je souhaitais que le gourmand n'ait pas trop mal au cœur cette nuit. On dirait qu'il n'a pas de fond!

Quand elle est ressortie, Grand-man a décrété qu'il se faisait tard et que nous devions rentrer nous préparer pour l'heure du dodo. Il ne fallait pas trop s'attarder afin que notre mystérieux voleur puisse circuler en toute quiétude. Avec nous et Truffon dans les parages, la cour n'était sûrement pas très invitante!

Pyjama, brossage de dents et tout le monde à son poste d'observation!

11

Surveillance et nuit blanche

Dans le noir, tous les trois bien installés devant la fenêtre, on regardait dehors à l'affût de notre bandit de grand chemin. Monique somnolait déjà sur sa doudou et Truffon pouvait ainsi poser son museau sur le ventre de notre chatte tout en observant la cour en même temps. Deux petits plaisirs pour le prix d'un !

Monique était particulièrement de bonne humeur, ce soir-là, car elle ne l'endure pas tous les jours. Surtout l'été ! Qui aimerait recevoir la respiration chaude d'un chien dans le visage? Sans oublier que son haleine est rarement fraîche. Même si Truffon a une brosse à dents et de la nourriture censée le débarrasser du tartre, ça ne semble pas très efficace.

C'est peut-être parce qu'il mange de la terre à l'occasion... Il a la mauvaise habitude de poursuivre les tamias rayés, et quand l'un d'eux se réfugie dans son terrier, Truffon se met à creuser avec ses pattes avant, en s'aidant de sa gueule.

Vraiment pas génial quand on souhaite pour son chien une belle dentition!

Monsieur, lui, avait préféré retrouver son coussin et ronflait déjà comme un petit camion diesel. Sa virée en bicyclette l'avait un peu fatigué. Encore chanceux qu'il fasse le voyage dans un panier. Sans oublier sa mésaventure en fin de soirée qui avait abîmé son pelage; c'était toute une épreuve pour un toutou toujours parfait en temps normal.

—Tu ne devrais pas aller chercher Willy ? m'a proposé Fanny. Je crois qu'il aimerait lui aussi participer à notre enquête.

—Ah oui, de la compagnie pour Colombine ! s'est exclamé Hugo.

Quelle bonne idée ! D'ailleurs, je m'endors plus facilement si j'entends la roue qui tourne.

Quand je suis revenue avec mon cochon d'Inde, Grand-man se berçait tranquillement dans sa chaise en buvant une bonne tisane à la framboise. Elle avait pris soin, avant de rentrer, de s'assurer qu'Aglaé et Sidonie étaient bien installées dans leur dortoir. Et Béa n'avait pas oublié d'accrocher près des mangeoires une caméra de chasse, que nous n'utilisons jamais pour cette activité, afin de nous permettre de prendre en flagrant délit notre voleur, si jamais Truffon ne se rendait compte de rien ou s'il s'assoupissait trop profondément. Car mes amis et moi, on n'y voyait rien dans cette noirceur!

Je ne me sentais pas capable de rester éveillée toute la nuit pour faire le guet. Je bayais déjà aux corneilles. La journée avait été riche en émotions et plus qu'occupée. Puis, mes orteils me faisaient encore un peu mal...

—Il faudrait penser à se coucher, les enfants! On risque de se faire réveiller, alors mieux vaut essayer de dormir au plus vite.

Nous nous sommes donc installés chacun à notre place. Tous trois ainsi cordés, ce n'était pas facile de trouver le sommeil. Nous étions tout de même pas mal excités!

—Bonne nuit tout le monde! leur souhaitais-je.

—Vonne nuit!

—Hein?

—Hugo veut plutôt dire: Bonne nuit! C'est à cause de son appareil dentaire qu'il parle tout croche, il grince des dents s'il ne le met pas. Ces mâchoires sont mal alignées. Il est né comme ça, défaut de fabrication!

Je présume que c'est parce qu'il mange sans arrêt.

—Est-ce que tu crois que Willy va bientôt se coucher? m'a demandé Fanny visiblement ennuyée par le bruit que le rongeur faisait en courant dans sa roue.

—C'est un beu fatigant, a renchéri Hugo.

—Hum... Ça me surprendrait, Willy est un sportif nocturne!

Tourne d'un bord, puis de l'autre! J'avais chaud et un maringouin me bourdonnait dans les oreilles.

—Camille, il faut que tu arrêtes de bouger si tu veux t'endormir! m'a lancé Fanny.

On ne peut pas dire que le sofa-lit soit très confortable. En l'observant, on ne se rend pas compte qu'il y a un creux au milieu. C'est un piège dans lequel mon amie et moi roulions à tout moment. De son côté, Hugo appréciait sûrement son lit de fortune puisqu'on l'entendait respirer doucement.

Je n'avais pas remué depuis au moins dix minutes et je commençais à avoir des fourmis dans les jambes.

—Est-ce que tu dors, Fanny?

—Non! Et toi?

—Pas facile de s'endormir en s'agrippant au rebord du matelas!

—Pareil pour moi.

De toute évidence, Grand-man se berçait toujours:

—Les filles, qu'est-ce que j'ai dit tantôt?

Il ne me restait qu'une chose à faire pour réussir à trouver le sommeil: compter les orioles de Baltimore dans ma tête.

Et je crois que cela a fonctionné!

12

Le voleur enfin démasqué

Au beau milieu de la nuit, quand tout le monde s'était enfin assoupi (enfin, j'imagine, car je dormais, moi aussi), Truffon s'est mis à japper. Du coup, Monsieur a voulu participer et a commencé son concert de hurlements. Monique a sursauté et Willy a recommencé à tourner dans sa roue. On s'est tous réveillés au son de cette symphonie tonitruante, et Grand-man, qui était encore dans sa chaise berçante, s'est levée d'un bond pour allumer à l'extérieur.

Rien! À part une mangeoire qui se balançait toute seule. Bizarre, surtout qu'il n'y avait pas un souffle de vent!

Mon chien refusait d'arrêter d'aboyer et même de gronder. Je supposais qu'il pouvait sentir une bestiole qui avait maintenant disparu. Monique, un peu maussade, en a profité pour s'éloigner. Puisque Truffon semblait très occupé, elle irait ailleurs pour trouver un peu de tranquillité. Mon lit moelleux devenait l'endroit tout désigné. Rien à voir avec le sofa-lit qui était un vrai cauchemar.

—Je ne bois rien! a balbutié Hugo à cause de son appareil dentaire.

Je devinais qu'il voulait plutôt dire: «Je ne vois rien!»

—Moi non plus! a ajouté Fanny, habituée à décoder son langage.

—On pourrait récupérer la caméra et découvrir l'intrus.

— Pas tout de suite, a décidé Béa. Notre voleur a dû être dérangé par les jappements, mais il est sans doute encore dans les parages. Il vaut mieux rester à l'intérieur.

— Est-ce que tu crois que ça pourrait être un ours, Grand-man?

— Peut-être. Soyons prudents.

Tout le monde sait que les ours ne sont pas toujours gentils, à part ceux en peluche, évidemment. Ils peuvent être dangereux, surtout au printemps, quand ils sortent de leur hibernation ou si l'on surprend une maman qui se promène avec ses bébés.

Il y a quelques années, un énorme ours venait de temps en temps faire son tour pour se nourrir. C'est plutôt exceptionnel que les ours nous rendent visite, mais lorsque la nourriture se fait rare, ils se rapprochent des maisons. Et puisque nous avons une épaisse forêt derrière notre cour, il faut toujours être prudent.

Les ours ne sont pas renommés pour être les mammifères les plus délicats! Alors, notre visiteur arrachait une mangeoire et allait manger son contenu un peu plus loin dans les bois. Béa la retrouvait la plupart du temps en mille morceaux. Durant cet été-là, elle avait dû rentrer les mangeoires chaque soir pour éviter qu'elles ne soient détruites.

À cette époque, j'étais petite. Grandman m'a raconté cette anecdote plusieurs fois parce que c'était mon histoire favorite! J'ai quand même fait quelques cauchemars dans lesquels un immense ours mangeur de graines de tournesol tenait le rôle principal.

Après quelques minutes d'observation, nous avons regagné notre lit de fortune et essayé de retrouver le sommeil. Juste au moment où je commençais à dormir, Truffon a repris du service. Puisque Grand-man n'avait pas éteint la lumière extérieure, nous avons enfin aperçu notre voleur.

Et vous savez quoi? Je le trouvais trop mignon avec son masque de brigand, son pelage poivre et sel et sa belle queue rayée.

Hugo, bien réveillé, y est encore allé d'un commentaire incompréhensible, toujours à cause de son appareil dentaire:

— Ah, un bâton graveur!

— AHHHHH! Un raton laveur! a rectifié Fanny.

C'est qu'il n'était pas gêné du tout! Bien campé sur une branche qui pliait dangereusement sous son poids, il secouait la chaînette d'une mangeoire pour faire tomber les graines de tournesol. Quand il a décidé qu'il y en avait assez, il est descendu tranquillement pour les manger. De toute évidence, les ratons laveurs sont de bons grimpeurs!

Il était charmant comme tout et très habile! Ces pattes avant ressemblaient à de petites mains! En plus, il dégustait son lunch en nous regardant avec un air qui semblait dire:

«Alors, elle vient cette photo? Je ne vais pas passer la nuit ici à attendre!»

—Qu'est-ce qu'on va faire de lui, Grand-man?

—Il faut le capturer et l'emmener plus loin. Parce que sinon, il risque d'abîmer les arbres en grimpant, de briser les mangeoires, et il pourrait même s'en prendre à Aglaé et Sidonie.

—Il ressemble comme deux gouttes d'eau à Racoon, ma peluche préférée! J'aimerais tellement l'apprivoiser!

—Ah oui! Béatrice, on pourrait l'adopter!

—Mauvaise idée, les enfants! Il ne s'agit pas d'un mignon bébé en détresse, mais plutôt d'un adulte dodu et sauvage.

Grand-man est donc sortie en pantoufles pour récupérer sa grande cage dans le garage. Elle a mis un morceau de saumon fumé à l'intérieur pour attirer le joli raton, qui n'aurait pas la chance d'avoir de nom, car il ne pourrait pas séjourner très longtemps chez nous.

Ici, les animaux sont toujours bien traités. Le chanceux, on lui servait une collation si tentante que Hugo en salivait!

Nous avons profité de l'absence du glouton masqué pour installer la cage. Monsieur est resté dans la maison, ainsi que Truffon qui pleurait à la fenêtre comme un pauvre chien abandonné.

Ma grand-mère a éteint la lumière et nous avons intégré nos lits.

Cette fois, je n'ai pas eu besoin de compter les orioles. Aussitôt la tête sur l'oreiller, je me suis endormie, épuisée.

13

Une folle randonnée!

Au petit matin, Truffon nous a encore réveillés en jappant. On s'est tous précipités à la fenêtre et devinez qui était emprisonné dans la cage!

— Grand-man, viens vite, on l'a attrapé!

Elle se cachait au deuxième étage, dans sa chambre, parce que ce n'est pas très confortable de dormir dans une chaise berçante, en plus de donner le torticolis à tout coup. C'est vrai, je n'ai jamais essayé, mais dormir en position assise ne me semblait ni logique ni reposant.

—Eh bien, il faut maintenant reconduire ce voleur dans la forêt. Et le plus tôt sera le mieux!

—Est-ce que je peux venir avec toi, Grand-man?

—Boi aussi, j'aiberai benir...

—Hugo, tu peux enlever ton appareil dentaire, les autres ne comprennent rien quand tu parles, est intervenue Fanny, agacée.

—Bon, ceux qui souhaitent m'accompagner dans une balade en vélo, vous devez être devant la maison dans une demi-heure.

Hugo a quand même ajouté:

—On bange pas un peu avant de bartir?

—On mangera en revenant. Il ne faut pas laisser le raton laveur trop longtemps dans la cage.

Fanny et Hugo ont récupéré leurs affaires et sont allés les porter chez mon amie. Moi, j'ai fait tout le reste à la course. Je devais soigner Monique, nourrir Truffon et rapporter mon Willy en haut. Ensuite, j'ai roulé mon sac de couchage, replié le sofa-lit, et remonté mon oreiller et Racoon dans ma chambre. Le salon de Grand-man est redevenu absolument impeccable. Aucune trace de notre mission nocturne.

Pendant les sept minutes qui me restaient, j'ai quand même sauté dans la douche pour me réveiller et grignoté une pomme avec un morceau de fromage en pensant à ce pauvre Hugo qui devait avoir tellement faim! J'ai emporté deux fruits pour mes amis. Il ne faut surtout pas faire de vélo le ventre vide si l'on veut se rendre à destination.

J'ai croisé mon père qui s'en allait faire une petite visite à la clinique, car il était de garde durant la fin de semaine.

— Bon matin, papa! On a attrapé notre voleur! Est-ce que tu sais qui c'était?

—D'après moi, un beau gros raton laveur.

Argh! C'est pratique d'avoir un papounet vétérinaire. Par contre, pour ce qui est des devinettes, jamais moyen de lui poser une colle!

J'étais prête à l'heure. J'ai ramassé mon sac à dos d'expédition qui traîne toujours dans un coin de ma chambre. Je ne pars jamais en forêt sans mes jumelles, une loupe, deux petits pots en plastique pour rapporter mes découvertes et mon contenant à insectes.

À mon grand regret, nous avons laissé Truffon et Monsieur à la maison. De toute façon, mon chien a tendance à essayer d'attraper mon pied pendant que je pédale, ce qui est drôlement dangereux et pas recommandé pour une dentition de toutou presque parfaite!

Il fallait maintenant installer la bête sur la bicyclette de Béa. Pour ce faire,

Grand-man a posé une couverture sur la cage, puis elle a enfilé de gros gants et fixé celle-ci aux rebords de son panier à l'avant avec des cordes élastiques. Le raton laveur n'avait pas l'air de bonne humeur. On entendait de drôles de sons...

Je crois que les voleurs masqués n'apprécient pas beaucoup les randonnées en vélo.

Dès que mes amis sont arrivés, nous sommes partis en nous suivant à la queue leu leu. À voir Hugo zigzaguer, j'ai supposé que ça ne devait pas faire très longtemps qu'on lui avait enlevé ses petites roues. Un vrai danger public, celui-là!

Nous avons roulé quand même pas mal de kilomètres. Difficile d'évaluer la distance exacte que nous avons parcourue, mais pour résumer la situation, mes jambes commençaient à être fatiguées, mes orteils blessés se sentaient à l'étroit dans mon espadrille et j'avais l'estomac dans les talons!

—Est-ce qu'on arrive bientôt, Grand-man?

—Ça ne sera pas trop long. Il faut s'assurer qu'il ne reviendra pas à la maison de sitôt.

Nous avons enfin quitté la route et emprunté un petit sentier dans la forêt. J'adore faire du vélo en pleine nature. On peut sentir toutes sortes d'odeurs différentes et remarquer parfois des animaux et des oiseaux qui sont bien surpris de notre apparition.

Subitement, Béa a freiné sans crier gare. J'ai presque foncé dans Hugo qui, lui, a failli faire de même dans Fanny qui, elle, a évité de justesse la roue arrière de Grand-man. Bref, cet arrêt d'urgence aurait pu causer tout un carambolage!

Par contre, ma grand-mère n'arrête jamais pour rien.

—Regardez, un grand pic!

—C'est la première fois que j'en vois un, a murmuré Hugo, impressionné.

—Wow! Moi aussi! a chuchoté Fanny.

J'ai sorti mes jumelles de mon sac à dos pour pouvoir l'admirer de plus près.

—Grand-man, on peut dire qu'il est en train de faire toute une sculpture!

Il picossait avec énergie un arbre qui était déjà couvert de trous. Son bec était si puissant qu'on apercevait des éclats de bois qui volaient un peu partout.

—Il cherche des insectes ou des larves pour se nourrir, nous a expliqué Béa.

Nous avons pris le temps de l'observer avec les longues-vues chacun notre tour. C'est le pic le plus grand de la forêt. Il ressemble à un roi majestueux avec sa belle houppette rouge feu!

—Bon, en route, les enfants! Avant que notre raton s'impatiente trop.

Après quelques minutes, Grand-man nous a fait signe de nous arrêter dans une clairière. On est descendus de nos vélos.

—Restez là, en retrait. Je vais l'emmener un peu plus loin pour le libérer. Il faut être prudent et, surtout, on n'oublie pas que c'est un animal sauvage.

Nous avons grimpé sur une grosse roche pour avoir une meilleure vue et, en même temps, pour nous mettre à l'abri.

Ma grand-mère a transporté la cage, qui était encore enveloppée dans la couverture, et l'a déposée au sol. Elle s'est éloignée de quelques pas et, avec l'aide d'une longue branche, a retiré le tissu d'un seul coup. En voilà un qui n'était pas du tout de bonne humeur. Avec son bâton, Béa a réussi à ouvrir la porte et notre filou est parti en courant comme un voleur, mais sans butin.

—Je le trouvais quand même beau, notre raton ! ai-je dit avec un brin de tristesse dans la voix.

—En route, maintenant ! Je crois qu'il y a tout un déjeuner qui nous attend à la maison !

Rapide comme l'éclair, et surtout affamé comme un ogre, Hugo sautait déjà sur son vélo, prêt pour un sprint.

C'est fou comme la fringale est un puissant moteur!

14

Un repos bien mérité

En arrivant à la maison, Truffon nous a accueillis comme si ça faisait trois semaines que nous étions partis. Il tournait autour de nous telle une toupie, tout en sautillant. Monsieur, quant à lui, a relevé sa grosse tête qui est retombée aussitôt sur son coussin en voyant qui venait d'apparaître. Il devait être rassuré! Et Monique, qui léchait son pelage sur le haut du sofa, ne nous a même pas regardés!

J'ai libéré Aglaé et Sidonie pour les transférer dans leur «appartement de jour» pendant que Grand-man nous préparait un déjeuner digne des rois. Et je crois que c'était assez mérité, compte tenu de la réussite de notre mission.

— Et voilà de bonnes crêpes pour mon équipe préférée de détectives du domaine des oiseaux!

— Miam, miam! a lâché Hugo qui avait les yeux aussi ronds qu'un ballon de plage.

Pour accompagner ce régal, il y avait des framboises de notre jardin, des fraises dans le jus qui venaient aussi de nos plants, des bleuets sauvages du magasin et du bon sirop d'érable qui sortait tout droit de la boîte de conserve!

On a dégusté le meilleur déjeuner de tous les temps! On avait une vraie faim de loup. Hugo a ingurgité douze crêpes (je me demande où il met tout ça!), Fanny, cinq, et moi, je me suis rendue de peine et de misère à six. Ouf, mon ventre aurait pu exploser à tout instant!

Tout à coup, nous nous sommes sentis vraiment fatigués malgré tout le sucre englouti.

Dehors, les hamacs nous attendaient. C'est donc au son des chants d'oiseaux que nous avons fait une sieste réparatrice.

Alors que je commençais à somnoler, je crois avoir aperçu un oriole de Baltimore sur la belle tranche d'orange que nous avons accrochée, Grand-man et moi.

Était-ce dans mon rêve ou bien pour de vrai?

Je me le demande encore.

Et j'aime mieux penser qu'il reviendra nous visiter sous peu!

Recette ultrasecrète

Nectar pour les colibris
à gorge rubis

- 3 tasses d'eau
- 1 tasse de sucre blanc

Avec l'aide d'un adulte, mettre d'abord l'eau dans une petite casserole et la faire bouillir. Ensuite, ajouter le sucre blanc et brasser pour qu'il fonde. Laisser refroidir et c'est prêt. Le surplus se conserve plusieurs jours au réfrigérateur. Par contre, le nectar dans l'abreuvoir doit être changé tous les trois jours l'été, quand il fait chaud.

Bibliographie

BRULÔTTE, Suzanne et Gilles Lacroix, *Le grand livre pour attirer les oiseaux chez soi,* Saint-Constant, Broquet, 2010.

BURTON, Robert, *Comment nourrir les oiseaux d'Amérique du Nord*, Saint-Laurent, Éditions du Trécarré, 1993.

PAQUIN, Jean et Ghislain Caron, *Le guide Paquin-Caron des oiseaux du Québec et des maritimes*, Waterloo, Éditions Michel Quintin, 2011.

PETERSON, Robert Tory, *Les oiseaux du Québec et de l'est de l'Amérique du Nord,* Saint-Constant, Broquet, 2011.

Remerciements

À mon éditrice, Sandrine Lazure, qui m'a en quelque sorte sortie d'une retraite précoce de l'écriture. Ton enthousiasme est tellement inspirant et motivant! Et que dire de tes retours de courriels toujours rapides et rassurants.

Ensuite, un merci tout spécial à Yves Laurin, qui partage ma vie, et qui travaille souvent seul en forêt pendant que j'écris le matin aux 2 étoiles (mon refuge).

Et un dernier à la D^{re} Annie Cantin, l'amie des animaux et la mienne qui, en lisant ces lignes, va se rendre compte qu'elle vient officiellement d'être nommée vétérinaire-conseil de *Curieux de nature*.

Table des matières

Le carnet d'observation de Grand-man
pour Camille et ses amis

LE CARNET D'OBSERVATION DE GRAND-MAN

POUR CAMILLE ET SES AMIS

LÉGENDE :

Mâle

F

Femelle

Morphologie d'un oiseau

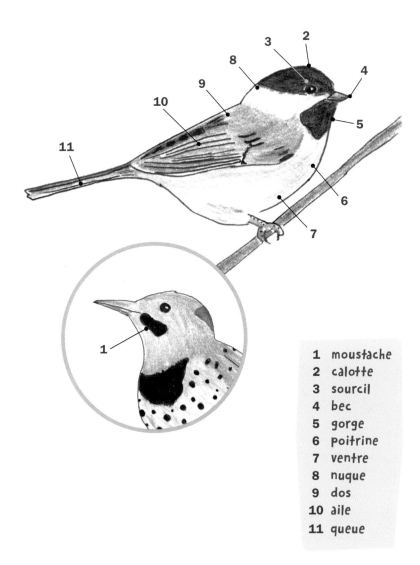

1 moustache
2 calotte
3 sourcil
4 bec
5 gorge
6 poitrine
7 ventre
8 nuque
9 dos
10 aile
11 queue

Bruant chanteur

IL MESURE
16 centimètres.

J'IDENTIFIE LE MÂLE
Couleur dominante: brun.
Tête: brune et noire rayée, une ligne blanchâtre traversant son œil.
Dos: brun avec des rayures noires.
Poitrine: blanche avec des taches brunes et un point brun.
Bec: petit.

ET LA FEMELLE
Mâle et femelle se ressemblent comme deux gouttes d'eau.

IL SE NOURRIT
D'insectes, de graines, de fruits sauvages et de vers.

AUX MANGEOIRES, IL PRÉFÈRE
Les graines de tournesol.

IL EST LÀ
Le printemps, l'été et l'automne.

LE SAVAIS-TU ?
Il construit son nid au sol.

Cardinal à poitrine rose

IL MESURE
19 centimètres.

J'IDENTIFIE LE MÂLE
Couleur dominante : noir.
Tête : noire.
Dos : noir avec des bandes blanches sur les ailes.
Poitrine : blanche avec une tache rouge en forme de V.
Bec : conique et puissant.

ET LA FEMELLE
Elle est brune avec des rayures blanchâtres et une ligne blanche en haut de l'œil. Difficile de ne pas la confondre avec la femelle roselin pourpré.

IL SE NOURRIT
De fruits sauvages, de graines et de vers.

AUX MANGEOIRES, IL PRÉFÈRE
Les graines de tournesol.

IL EST LÀ
Le printemps, l'été et l'automne.

LE SAVAIS-TU ?
Le couple construit le nid ensemble. Le mâle couve aussi les œufs et chante souvent en même temps.

Chardonneret jaune

IL MESURE
13 centimètres.

J'IDENTIFIE LE MÂLE
Couleur dominante : jaune.
Tête : jaune avec une petite calotte noire.
Dos : jaune avec des ailes noires traversées de lignes blanches.
Poitrine : jaune.
Bec : petit et orangé.

ET LA FEMELLE
Son plumage est jaunâtre et elle n'a pas de calotte noire.

IL SE NOURRIT
De graines de plantes et d'insectes.

AUX MANGEOIRES, IL PRÉFÈRE
Les graines de tournesol et le chardon.

IL EST LÀ
Le printemps, l'été, l'automne et parfois en hiver.

LE SAVAIS-TU ?
De temps à autre, il commence la construction de son nid seulement au début du mois d'août.

Chouette rayée

ELLE MESURE
50 centimètres.

J'IDENTIFIE LE MÂLE
Couleur dominante : brun.
Tête : grosse, ronde et rayée de brun et de blanc.
Dos : brun avec des taches blanches.
Poitrine : blanche avec des rayures brunes.
Bec : jaunâtre.

ET LA FEMELLE
Elle ressemble beaucoup au mâle.

ELLE SE NOURRIT
De rongeurs, de grenouilles, d'insectes et même de petits oiseaux.

AUX MANGEOIRES, ELLE PRÉFÈRE
Elle vient aux mangeoires surtout pour observer les autres oiseaux.

ELLE EST LÀ
Toute l'année.

LE SAVAIS-TU ?
Elle est une des deux seules chouettes à avoir les yeux bruns, alors c'est facile de l'identifier.

Colibri à gorge rubis

IL MESURE
8 centimètres.

J'IDENTIFIE LE MÂLE
Couleur dominante : vert foncé.
Tête : verte avec la gorge rouge.
Dos : vert bouteille, tout comme les ailes.
Poitrine : blanche.
Bec : long qui permet de butiner les fleurs.

ET LA FEMELLE
Elle ressemble beaucoup au mâle, sans rouge sur la gorge.

IL SE NOURRIT
Du nectar des fleurs et de petits insectes.

AUX MANGEOIRES, IL PRÉFÈRE
L'abreuvoir d'eau sucrée qui est installé juste pour lui.

IL EST LÀ
Le printemps, l'été et l'automne.

LE SAVAIS-TU ?
Il bat des ailes 80 fois par seconde, ce qui lui permet de rester sur place en se nourrissant. Il est aussi le seul oiseau qui peut voler à reculons. Son nid, retenu à l'aide de fils d'araignée, est extensible pour s'adapter à la taille des œufs.

Geai bleu

IL MESURE
30 centimètres.

J'IDENTIFIE LE MÂLE
Couleur dominante : bleu royal.
Tête : bleue avec un collier noir autour du cou.
Dos : bleu et les ailes possèdent des taches blanches et noires.
Poitrine : blanc gris.
Bec : puissant et long.

ET LA FEMELLE
Elle ressemble beaucoup au mâle.

IL SE NOURRIT
De graines, d'insectes, d'œufs, de petits poissons, de grenouilles ainsi que d'oisillons.

AUX MANGEOIRES, IL PRÉFÈRE
Les arachides et le pain d'oiseau.

IL EST LÀ
Toute l'année.

LE SAVAIS-TU ?
Il vient rarement seul aux mangeoires, mais plutôt en groupe. Il fait parfois peur aux autres oiseaux.

Gélinotte huppée

ELLE MESURE
45 centimètres.

J'IDENTIFIE LE MÂLE
Couleur dominante : brun.
Tête : brune.
Dos : brun tacheté de noir et de blanc.
Poitrine : blanche avec des lignes brunes.
Bec : court et puissant.

ET LA FEMELLE
Mâle et femelle se ressemblent comme deux gouttes d'eau.

ELLE SE NOURRIT
De graines, de fruits sauvages, de bourgeons et de champignons.

AUX MANGEOIRES, ELLE PRÉFÈRE
Le maïs.

ELLE EST LÀ
Toute l'année.

LE SAVAIS-TU ?
Durant la saison des amours, au printemps, le mâle frappe sa poitrine avec ses ailes. On peut entendre ce tambourinement au petit matin. Il ouvre aussi sa queue en éventail pour attirer les femelles et gonfle les plumes de sa gorge.

Grand pic

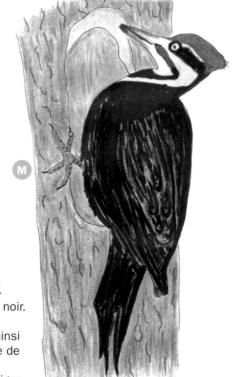

IL MESURE
45 centimètres.

J'IDENTIFIE LE MÂLE
Couleur dominante : noir.
Tête : spectaculaire houppette rouge ainsi qu'une moustache de la même couleur.
Dos : noir avec une ligne blanche qui part de son bec et qui descend jusqu'à sa poitrine.
Poitrine : noire.
Bec : puissant et long.

ET LA FEMELLE
Mâle et femelle se ressemblent beaucoup, mais la moustache de la femelle est noire.

IL SE NOURRIT
D'insectes dans les arbres ainsi que de petits fruits.

AUX MANGEOIRES, IL PRÉFÈRE
Le pain d'oiseau.

IL EST LÀ
Toute l'année.

LE SAVAIS-TU ?
Avec son bec puissant, il creuse des trous dans les arbres autant pour se nourrir que pour y installer son nid, ce qui lui prend environ un mois.

Gros-bec errant

IL MESURE
20 centimètres.

J'IDENTIFIE LE MÂLE
Couleur dominante : jaune.
Tête : noire avec un sourcil jaune.
Dos : jaune et les ailes sont noires et blanches.
Poitrine : jaune.
Bec : conique et jaune.

ET LA FEMELLE
Elle est plutôt grisâtre, avec une petite tache jaune sur la nuque. Ses ailes sont noires tachetées de blanc.

IL SE NOURRIT
De graines et d'insectes.

AUX MANGEOIRES, IL PRÉFÈRE
Le maïs et les graines de tournesol.

IL EST LÀ
Toute l'année.

LE SAVAIS-TU ?
Il ne vient aux mangeoires qu'à certaines périodes. Ses visites sont imprévisibles.

Merle d'Amérique

IL MESURE
25 centimètres.

J'IDENTIFIE LE MÂLE
Couleur dominante : noir.
Tête : noire.
Dos : noir, tout comme les ailes qui ont de petites lignes blanches.
Poitrine : rousse.
Bec : long et jaune.

ET LA FEMELLE
Elle ressemble beaucoup au mâle, mais sa poitrine est beaucoup plus pâle.

IL SE NOURRIT
De vers de terre, d'insectes et de petits fruits sauvages.

AUX MANGEOIRES, IL PRÉFÈRE
Ce sont plutôt les arbres fruitiers qui l'attirent.

IL EST LÀ
Le printemps, l'été et l'automne.

LE SAVAIS-TU ?
Son arrivée annonce généralement le printemps. On peut le voir souvent dans le gazon à la recherche de sa nourriture préférée : les vers de terre.

Mésange à tête noire

ELLE MESURE
13 centimètres.

J'IDENTIFIE LE MÂLE
Couleur dominante: gris.
Tête: calotte noire ainsi que la gorge.
Dos: gris, et les ailes sont rayées de noir et de blanc.
Poitrine: jaunâtre.
Bec: petit et noir.

ET LA FEMELLE
Mâle et femelle se ressemblent beaucoup.

ELLE MANGE
Des insectes et des graines.

AUX MANGEOIRES, ELLE PRÉFÈRE
Les graines de tournesol et le pain d'oiseau.

ELLE EST LÀ
Toute l'année.

LE SAVAIS-TU?
Si tes mangeoires sont vides et que tu lui offres des graines de tournesol, il se pourrait qu'elle vienne manger dans ta main. Elle creuse une cavité dans une branche pour y construire son nid.

Oriole de Baltimore

IL MESURE
20 centimètres.

J'IDENTIFIE LE MÂLE
Couleur dominante:
  orange.
Tête: noire.
Dos: noir, tout comme
  les ailes qui ont de
  petites lignes blanches.
Poitrine: orange.
Bec: plutôt allongé et gris.

ET LA FEMELLE
Elle est plus pâle et n'a
pas la tête noire.

IL SE NOURRIT
D'insectes et de fruits
sauvages.

AUX MANGEOIRES, IL PRÉFÈRE
Les tranches d'orange et
l'abreuvoir d'eau sucrée.

IL EST LÀ
Le printemps et l'été.

LE SAVAIS-TU?
Son nid ressemble
à un petit ballon.

Passerin indigo

IL MESURE
14 centimètres.

J'IDENTIFIE LE MÂLE
Couleur dominante: bleu indigo.
Tête: bleu indigo.
Dos: bleu indigo, tout comme les ailes qui ont des lignes noires.
Poitrine: bleu indigo.
Bec: conique.

ET LA FEMELLE
Plutôt brune, elle est plus difficile à identifier.

IL SE NOURRIT
D'insectes, de graines et de fruits.

AUX MANGEOIRES, IL PRÉFÈRE
Le chardon et les graines de tournesol.

IL EST LÀ
Le printemps et l'été.

LE SAVAIS-TU ?
La femelle construit seule le nid et l'installe souvent dans les ronces.

Pic chevelu

IL MESURE
25 centimètres.

J'IDENTIFIE LE MÂLE
Couleur dominante : noir.
Tête : calotte noire avec une ligne blanche en dessous et une tache rouge à la nuque.
Dos : noir, tout comme les ailes qui sont tachetées de blanc.
Poitrine : blanche.
Bec : aussi long que la tête.

ET LA FEMELLE
Elle n'a pas de rouge à la nuque.

IL SE NOURRIT
De larves et d'insectes dénichés dans l'écorce des arbres.

AUX MANGEOIRES, IL PRÉFÈRE
Les arachides et le pain d'oiseau.

IL EST LÀ
Toute l'année.

LE SAVAIS-TU ?
Il ressemble comme deux gouttes d'eau au pic mineur, mais il est plus grand et plus gros. Il lui arrive parfois de s'installer à une mangeoire de graines de tournesol et de les jeter au sol sans arrêt et pour aucune raison.

Pic flamboyant

IL MESURE
33 centimètres.

J'IDENTIFIE LE MÂLE
Couleur dominante: beige doré.
Tête: beige doré et gris avec un peu de rouge sur la nuque et une moustache noire.
Dos: beige avec des taches noires, tout comme les ailes.
Poitrine: blanche avec des points noirs bien définis et un collier noir.
Bec: long et puissant.

ET LA FEMELLE
Elle ressemble au mâle, mais n'a pas de moustache.

IL SE NOURRIT
De fourmis, de graines et de petits fruits.

AUX MANGEOIRES, IL PRÉFÈRE
Le pain d'oiseau.

IL EST LÀ
Le printemps et l'été.

LE SAVAIS-TU?
Le mâle et la femelle creusent une cavité dans un arbre pour y construire leur nid. Les deux couvent et nourrissent les petits.

Pic maculé

IL MESURE

21 centimètres.

J'IDENTIFIE LE MÂLE

Couleur dominante : noir.
Tête : calotte rouge, tout comme la gorge, avec un collier noir au cou.
Dos : noir tacheté de blanc, tout comme les ailes qui ont une ligne blanche verticale.
Poitrine : beige tachetée de noir.
Bec : pointu et puissant.

ET LA FEMELLE

Elle n'a pas de rouge à la gorge.

IL SE NOURRIT

De sève d'arbres, d'insectes, de fourmis et de fruits sauvages.

AUX MANGEOIRES, IL PRÉFÈRE

Les arachides.

IL EST LÀ

Le printemps, l'été et l'automne.

LE SAVAIS-TU ?

Son cri ressemble à un miaulement de chat. Le colibri à gorge rubis vient souvent s'abreuver dans les petits trous qu'il creuse, en ligne, sur les arbres. C'est la sève de ceux-ci qui jaunit son ventre.

Pic mineur

IL MESURE
17 centimètres.

J'IDENTIFIE LE MÂLE
Couleur dominante : noir.
Tête : calotte noire avec deux lignes blanches et une tache rouge en haut de la nuque.
Dos : noir et les ailes sont tachetées de blanc.
Poitrine : blanche.
Bec : court et noir.

ET LA FEMELLE
Elle n'a pas de rouge du tout.

IL SE NOURRIT
D'insectes trouvés dans l'écorce des arbres et de petits fruits sauvages.

AUX MANGEOIRES, IL PRÉFÈRE
Les arachides et le pain d'oiseau.

IL EST LÀ
Toute l'année.

LE SAVAIS-TU ?
Le pic chevelu est sa copie conforme, mais en version extralarge. Le mâle et la femelle creusent une cavité dans un arbre pour y faire leur nid, les deux parents couvent et nourrissent les petits.

Roselin pourpré

IL MESURE
15 centimètres.

J'IDENTIFIE LE MÂLE
Couleur dominante : rouge framboise.
Tête : rouge framboise.
Dos : rouge framboise et brun, tout comme les ailes.
Poitrine : rouge framboise avec un peu de blanc.
Bec : conique.

ET LA FEMELLE
Elle est plutôt rayée de brun et de blanc, avec un sourcil blanc au-dessus de l'œil.

IL SE NOURRIT
De graines et d'insectes.

AUX MANGEOIRES, IL PRÉFÈRE
Les graines de tournesol.

IL EST LÀ
Toute l'année.

LE SAVAIS-TU ?
La femelle du roselin pourpré et celle du cardinal à poitrine rose se ressemblent vraiment beaucoup.

Sittelle à poitrine blanche

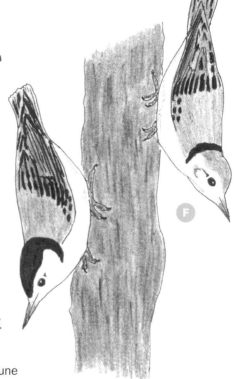

ELLE MESURE
15 centimètres.

J'IDENTIFIE LE MÂLE
Couleur dominante:
bleu.
Tête: blanche avec une petite calotte noire.
Dos: bleu, tout comme les ailes qui ont des lignes noires et blanches.
Poitrine: blanche.
Bec: pointu, long et noir.

ET LA FEMELLE
Elle ressemble au mâle, mais son plumage est plus pâle et sa calotte est bleue.

ELLE SE NOURRIT
De graines et de fruits sauvages.

AUX MANGEOIRES, ELLE PRÉFÈRE
Les arachides et le pain d'oiseau.

ELLE EST LÀ
Toute l'année.

LE SAVAIS-TU?
Elle se promène presque toujours la tête vers le bas, tout comme sa petite sœur, la sittelle à poitrine rousse!

Sittelle à poitrine rousse

ELLE MESURE
11 centimètres.

J'IDENTIFIE LE MÂLE
Couleur dominante : bleu.
Tête : blanche avec une calotte noire et une ligne noire qui traverse son œil.
Dos : bleu, tout comme les ailes qui ont de petites lignes blanches et noires.
Poitrine : rousse.
Bec : pointu et noir.

ET LA FEMELLE
Elle est un peu plus pâle et sa calotte est bleue.

ELLE SE NOURRIT
De graines de conifères, d'insectes et de larves.

AUX MANGEOIRES, ELLE PRÉFÈRE
Les arachides et le pain d'oiseau.

ELLE EST LÀ
Toute l'année.

LE SAVAIS-TU ?
C'est la tête par en bas qu'elle se déplace sur les troncs. On dirait qu'elle porte un masque !

tarin des pins

F

IL MESURE
12 centimètres.

J'IDENTIFIE LE MÂLE
Couleur dominante : brun.
Tête : brune tachetée de blanc.
Dos : brun, tout comme les ailes qui sont rayées de blanc et de jaune.
Poitrine : blanche tachetée de brun.
Bec : pointu.

ET LA FEMELLE
Mâle et femelle se ressemblent à s'y méprendre.

IL SE NOURRIT
De graines de conifères et d'arbres.

AUX MANGEOIRES, IL PRÉFÈRE
Le chardon et les graines de tournesol.

IL EST LÀ
Toute l'année.

LE SAVAIS-TU ?
Ses visites aux mangeoires sont imprévisibles. Il vient le plus souvent au printemps.

Vacher à tête brune

ESPÈCE
PARTICULIÈRE
EN BONUS !

IL MESURE
19 centimètres.

J'IDENTIFIE LE MÂLE
Couleur dominante: noir.
Tête: brune.
Dos: noir.
Poitrine: noire, tout comme les ailes.
Bec: conique et gris.

ET LA FEMELLE
Son plumage est plutôt gris et brun.

IL SE NOURRIT
D'insectes et de graines.

AUX MANGEOIRES, IL PRÉFÈRE
Le maïs concassé.

IL EST LÀ
Le printemps, l'été et l'automne.

LE SAVAIS-TU ?
C'est un oiseau très paresseux, car il ne construit pas de nid et abandonne son oisillon à des parents adoptifs.